THERESA VOIGT

Von einer, die auszog, Gutes zu tun

Über die Autorin

Theresa Voigt ist Logopädin und Autorin. Sie lebt mit ihrem Mann und ihrem kleinen Sohn Emilio in einem Dorf im Erzgebirge. Mehr über Theresa und ihr Experiment unter: www.365guteTaten.de

Theresa Voigt

Von einer, die auszog, Gutes zu tun

Wie 365 gute Taten mein Leben veränderten

Gerth Medien

FÜR KATRIN

Von allem, was mir gehörte,
blieb mir nur das Verschenkte.

Gertrud von le Fort

Inhalt

Vorwort

Ein brennendes Brautkleid, Flutwellen und Übelkeitsattacken. Bodylotion für Bibliothekarinnen und Kinokarten für Fremde. Verliebte im Altersheim und ein Vater in der Midlife-Krise, der sich die Haare färben will. Sie alle haben eins gemeinsam: Sie gehören zu meiner Geschichte der guten Taten. Aber es geht um viel mehr als witzige Storys. Es geht um die Liebe zum Leben und die Liebe zu Menschen. „Von einer, die auszog, Gutes zu tun" soll eine Ermutigung zum Handeln sein.

Allerdings ist dieses Buch weder eine perfekte Anleitung, noch ein moralisches Manifest. Vieles ging schief in meinem Jahr der guten Taten. Und viel zu oft wünschte ich mir, es würde doch mehr für mich dabei herauskommen. Dabei sollte es genau darum nicht gehen …

Oft werde ich gefragt, wie ich auf die Idee gekommen bin, 365 gute Taten zu tun. Gern erkläre ich es mit einer Geschichte. In einem Songtext meiner Lieblingsband Kurfürst heißt es: „Ich bin so heiß wie Ingwertee, wenn ich um zehn den Rasen mäh …" Es geht um einen Menschen, der sich in sein Privates zurückgezogen hat und dort sein beschauliches Leben genießt. Das Lied beschreibt quasi meinen Alltag vor dem Experiment. Mit dem kleinen Unterschied, dass ich um den Jahreswechsel keinen Rasen mähte, sondern vor dem Kaminfeuer Pfefferkuchen aß. Ach, war das gemütlich. Und so bequem. Und so langweilig!

Vieles ging mir durch den Kopf: War das das Leben, zu dem ich berufen war? Wollte ich, dass die versammelte Mannschaft an meinem Totenbett anstimmt: „Sie trank am liebsten Salbeitee, dann tat die Welt ihr nicht mehr weh"? Bitte nicht! Außerdem fühlte ich mich durch meine Erziehung und meinen Glauben herausgefordert, einen Unterschied zu machen. So beschloss ich, im kommenden Jahr jeden Tag eine gute Tat zu tun und darüber zu bloggen. Ohne zu wissen, dass diese Entscheidung mein ganzes Leben auf den Kopf stellen würde.

Nachdem der Blog viele Menschen ermutigt hat, wünsche ich mir, dass der Gute-Taten-Gedanke durch dieses Buch noch weitere Kreise zieht. Deshalb habe ich die besten Blogbeiträge und die Geschichten dahinter hier festgehalten. (Leider können nicht alle 365 guten Taten abgedruckt werden. Dafür hätte der Platz nicht ausgereicht und manche guten Taten wiederholen sich.)

Wie im Blog möchte ich auch im Buch die Privatsphäre von Personen (vor allem die meiner Patienten) schützen. Deshalb habe ich die Namen und Details im Umfeld und Krankheitsbild geändert. Da ich im Blog meine Leser immer mit „du" angesprochen habe, führe ich diesen persönlichen Ton auch im Buch fort.

Ich hoffe, dass meine Geschichte auch dich ermutigt, Gutes zu tun. Vielleicht nicht jeden Tag, aber einfach öfter. Also dann: Pfefferminztee austrinken und loslegen, äh … loslesen.

Januar: Neues Jahr, neue Chance

„Es gibt nichts Gutes, außer man tut es.“ Erich Kästner

Viel Zeit, viel Ruhe, viel Freiheit – so lauten meine drei Lebensziele. Vollständigkeitshalber ergänze ich sie durch: viele Spaghetti auf meinem Teller, viele Sonnenstunden in meinem Bikini und viele Gratulanten zu meinem Geburtstag. Der war übrigens gestern. Ich bin 24 geworden. Und um eine Erkenntnis reicher. So kann's nicht weitergehen. Ich habe es satt, mich immer nur um mich selbst zu drehen. Es steckt mehr in mir!

Daher mein Vorsatz: Ich werde 365 gute Taten vollbringen!

Was ist eigentlich eine gute Tat? Gibt es wahrhaft selbstlose Taten? Werde ich etwas verändern können? Ich bin neugierig …

Mit diesen Gedanken begann mein Blog auf der Internetseite „365gutetaten.de“. Es war einer dieser typischen Nächstes-Jahr-wird-alles-besser-Silvester-Vorsätze. Ich ließ das vergangene Jahr in Gedanken Revue passieren, dankte und fragte Gott: „Was ist nächstes Jahr wichtig?“ Und so kam mir die Idee.

Im Vorfeld versuchte ich, ungefähr abzuschätzen, wie groß das Risiko sein könnte zu scheitern und wie viel Zeit und Geld es mich kosten würde. Auf Anhieb fielen mir eine Handvoll guter Taten ein. Da zögerte ich nicht lange, sondern beauftragte gleich meinen Mann mit der Erstellung einer Internetseite. Ich ließ meinen Geburtstag verstreichen und begann am ersten Arbeitstag im Jahr, dem 4. Januar, mit den guten Taten.

Ehrlich gesagt, war das ein Riesenschritt für mich. Wer mich kennt, weiß, dass ich Planbarkeit liebe. Meine Risikofreude ist in etwa so groß wie mein Wunsch, in unsichere Aktien zu investieren. Jeden Montag erstelle ich einen Essensplan für die gesamte Woche. Ich buche meinen Urlaub nie Last-Minute und das Mutigste, das ich jemals gewagt habe, war, so nah an eine Spinne heranzutreten, dass ich sie einsaugen konnte.

Aber diese erste Motivation ist regelrecht verzaubernd. Ich glaube, man darf diese „erste Liebe" bei Ideen, die einen so richtig aus dem Trott reißen, nicht verstreichen lassen. Womöglich hätte ich das Jahr der guten Taten nie begonnen, wenn ich noch eine Woche gegrübelt hätte.

Bei allem Tatendrang war mir jedoch klar: Es war ein gewagtes Experiment. Ein Abenteuer mit unsicherem Ausgang. Hätte ich gewusst, was die guten Taten alles verändern würden in meinem Leben – ich wäre total aufgeregt gewesen! Erst einmal stand ich aber klein und fast ängstlich zitternd vor der aufgeblähten Zahl: 365.

Hinzu kommt, dass ich eigentlich noch nie geschrieben hatte. Doch, ja, mit 14 habe ich dieses eine Gedicht verfasst:

Warum rufst du mich nicht an?
Mein Herz ist schon ganz bang.
Um einen Kuss von dir würd ich mich reißen,
rufst du nicht an, werd ich auf dich verzichten.

Schriftstellerisches Talent bleibt hier selbst dem gründlichsten Leser verborgen. Ich hatte schlichtweg Bock auf diesen Blog (oh wow, ich kann es immer noch!). Und wer weiß, vielleicht beginnen so die besten Dinge im Leben, wenn wir uns frei von Selbstzweifeln und Wahrscheinlichkeiten fragen: „Wozu hätte ich mal so richtig Lust?" Und dann heißt es einfach: Versuchen. Etwas wagen. Denn meist ist diese innere Sehnsucht – die Leidenschaft für eine bestimmte Sache – ein untrüglicher Wegweiser zu unserer Bestimmung.

Ist der Mensch von Grund auf böse oder gut? Darüber streiten sich Philosophen und Theologen. Aber eins ist sicher: Ein gesunder Mensch ist von Grund auf bestrebt, das Beste aus sich herauszuholen. Etwas zu lernen. Ein Abenteuer zu meistern. Nicht nur mittelmäßig zu sein. Nicht nur, wie in meinem speziellen Fall, den größten Beitrag für die Gesellschaft darin zu sehen, 50 Cent in die Kollekte zu werfen oder pünktlich bei der Arbeit zu erscheinen. Ich langweilte mich in meiner bequemen Welt. Das sollte sich schleunigst ändern. Und so begann alles nach meinem Geburtstag mit einer leckeren Torte ...

In meinem Blog schrieb ich:

Klappe die 1.

Habe heute meinen ersten Schritt in Richtung „Leben, wie es sein sollte" getan. Großzügigerweise bestand meine gute Tat aus übrig gebliebenen Schlemmereien des gestrigen Kaffeemahls: jeweils ein Viertel einer Marzipantorte und einer Pudding-Mandarinen-Torte. Diese habe ich meinen zwei netten Kolleginnen zur Feier meines vergangenen Geburtstages mitgebracht. Was? Das hättest du auch gemacht? Dann hast du wahrscheinlich noch nie diese, *diese* Marzipantorte gegessen, die vermutlich nur zum Allein-vor-dem-Kühlschrank-Aufessen gebacken wurde.

Der 2. Tag: Meine zweite Chance

Vorweg sollte ich vielleicht noch erwähnen, dass ich die Frau des Drummers bin. Des Drummers der bald sehr bekannten Band „Kurfürst". Die Band besteht aus sechs mehr oder weniger beschäftigten Studenten. Da hat natürlich niemand Zeit für so schnöde Aufgaben, wie Bewerbungsbriefe für Veranstalter zur Post zu bringen.

Ich trabe also zur Post. Versuche, mir unterwegs einzureden, dass einer der beiden Briefe den Mega-Auftritt des nächsten Jahres herbeiführt inklusive des längst überfälligen Plattenfirmaangebotes.

Die 3. gute Tat: Mutmacher und Topflappen

Schauplatz: Ein altes, einsames, kleines Häuschen am Waldrand. Die Deckenhöhe variiert zwischen 1,70 und 1,80 Meter. Ruß quillt aus dem Ofen. Ein Hund und vier Personen teilen sich die bewohnbaren 15 Quadratmeter. Die Wäsche hängt bei eisigen minus 10 °C flatternd im Wind.

Ich besuche in meiner Rolle als Logopädin die vier einfachen aber herzlichen Bewohner mit meiner Praktikantin.

Gute Tat: Ich lobe die hilfsbereite Tochter für ihre aufopfernde Pflege an ihrem Bruder und ihrer Mutter. Mache ihr Mut, gegen allen Druck von außen ihrem liebenden Herzen zu vertrauen. Ausgang: Bin um zwei neonpinke, gehäkelte Topflappen reicher, meine Praktikantin auch (unverdient).

Die 4. gute Tat: Ich übertreibe es

Bin in der Bibliothek und visiere mein neues „Opfer“ an: die Bibliothekarin. Als Dank für ihre nette Art und ihre freundliche Beratung entschließe ich mich, ihr ein kleines Geschenk zu machen. Kaufe im Drogeriemarkt eine Bodylotion. An der Kasse lasse ich überschwänglich die Münzen meines Wechselgeldes liegen, immerhin 30 Cent. Gehe zurück in die Bibliothek und übergebe mein Geschenk.

Auf der eisig glatten Straße strample ich mit dem Fahrrad nach Hause. Komme mir mehr als seltsam vor. Die Frau aus der Bibliothek hat auch ganz seltsam geschaut, auch die Frau im Drogeriemarkt. Wieso habe ich 30 Cent verschenkt? Und warum ausgerechnet eine Bodylotion? Scheine in einen Strudel der guten Taten geraten zu sein Ärgere mich. Werde nie wieder in die Bibliothek gehen können.

Hochmotiviert war ich also in den ersten Tagen. Doch auch noch reichlich unerfahren. Eine Bodylotion für eine fremde Frau? In dem Gesicht der Bibliothekarin waren Verwunderung und Angst gleichermaßen abzulesen. Das sollte ja nun wirklich nicht der Sinn der guten Tat gewesen sein! Ein herber Rückschlag schon am vierten Tag.

Doch die verpatzte gute Tat brachte mich auch auf meinen ersten Geistesblitz im neuen Jahr: Eine gute Tat ist eine Tat, über die sich der Beschenkte freut. Simpel. Aber wichtig! Ich könnte demnächst 1000 Bodylotions inklusive Massagegutscheine und Duftkerzen an sämtliche deutschen Bibliotheken verschenken. Was aber, wenn das nur Verwirrung stiftet? Im Umkehrschluss bedeutet diese Definition auch, dass die gute Tat mich nicht extra etwas kosten, völlig selbstlos oder über die Maßen außergewöhnlich sein muss. Nein. Es zählt allein, dass die Tat Freude bringt. Dass sie hilft, ermutigt, ein Lächeln schenkt oder Frieden stiftet.

Deshalb möchte ich die Familie der Bodylotions auch nicht gänzlich als ungeeignet deklarieren. Mein Freund Til hat zum Beispiel schon länger den Wunsch, Ölboy beim internationalen Bodybuilder-Wettbewerb der Frauenschwergewichtsklasse zu sein. Ihm könnte ich mit einer Bodylotion eine Freude machen ...

Die 5. gute Tat: Badeschuhe

Schenke heute nur meinem Mann ein paar Badeschuhe. Alle Bibliothekarinnen können aufatmen …

Die 6. gute Tat: Der Wille zählt

Samstagmorgen, 7:45 Uhr, im Haus meiner Eltern. Motiviert springe ich aus dem Bett. Seit gestern Mittag wütet ein heftiges B5-Tief über Mitteldeutschland, die Nachrichtensender kündigten einen regelrechten Blizzard an. Das ist meine Chance! Sicherlich müssen heute Morgen einige Personen pünktlich um acht Uhr in das Friseurgeschäft, das sich in unserem Haus befindet. Meine gute Tat? Ich will ihnen den Weg frei schippen! Ziehe mehrere Schichten dicker Winterkleidung an und stapfe mutig die Treppen nach unten …

Doch was ist das? Verwirrt reibe ich meine noch müden Augen und glotze in unsere Einfahrt: Es sind höchstens zehn Zentimeter Pulverschnee gefallen. Also gilt es keine in meterhohen

Schneemassen stecken gebliebenen Friseurkunden zu befreien. Na gut. Beherzt greife ich dennoch zur Schaufel und gehe zum Gartentor hinaus.

Doch was ist das? Der Gehweg ist ja schon geräumt. Grimmig schaue ich nach oben zum Schlafzimmerfenster meiner Eltern. Da ist mir wohl jemand zuvorgekommen. Begnüge mich damit, den sicher für viele Menschen wichtigen Weg zum Hasenstall in unserem Garten frei zu schippen. Der Wille war da! Und der Wille zählt!

Nachtrag: Später belehrt mich meine Mutter, ich hätte die Stufen zum Waschhaus vergessen und sie wäre beinahe ausgerutscht. Heutzutage werden einem die guten Taten aber auch schwer gemacht.

Kaum zu glauben, aber mir kam nach dieser Tat schon wieder ein Geistesblitz: Es gibt verschiedene Gute-Taten-Empfänger-Typen! Leider hatte ich schon bei der 6. guten Tat Bekanntschaft mit Typ 1 gemacht: dem Nörgler, in diesem Fall der Nörglerin!

Unfassbar!

Vor etwa sechs Tagen hatte ich meiner Mutter erzählt, dass ich die bedeutungsvolle und über die Maßen mutige Entscheidung getroffen hatte, jeden Tag eine gute Tat zu tun. Und nun fiel ihr nichts Besseres ein, als mir mit einer Riesen-Nörgler-Keule auf die Finger zu hauen! Sie hielt mir mein Versagen unter die Nase, samt möglicher Katastrophen! Zum Glück bin ich nicht hochsensibel.

Neulich erst hatte meine Mutter am Küchentisch verkündigt, dass sie nach dem Seminar „Der rote Faden deiner Berufung" herausgefunden habe, was ihre Rolle im Leben sei: ERMUTIGERIN (!) Ich prustete die sich gerade in meinem Mund befindliche Suppe über den ganzen Tisch und versuchte, ein Lachen zu unterdrücken.

Meiner Meinung nach muss sie dringend zu dem Folgeseminar gehen: „Den Faden wieder aufnehmen." Oder sie könnte eine Selbsthilfegruppe gründen zum Thema: „Hilfe, mein Kind ist hochsensibel, gibt es aber nicht zu!"

Fest steht: Nörgler gibt es immer. Wer eine Vision hat, darf sich von ihnen nicht verwirren oder unterkriegen lassen. Einfach in die Hände klatschen und sagen: „Dann schipp ich eben die Waschhaustreppe auch noch."

TYP 1: DER NÖRGLER

Nörgler rümpfen ihre Nase selbst bei den schönsten guten Taten. Sie erklären, warum das Geschenk oder die Tat nichts Besonderes ist und entdecken sofort Mängel. Im Extremfall sehen sie sogar rot: Diese gute Tat könnte katastrophale Folgen haben! Fest steht: Nörgler gibt es immer. Wer eine Vision hat, darf sich von ihnen nicht unterkriegen lassen.

Gute Taten 7, 8, 9 und 10: Ein chancenreicher Sonntag

Nach einer Geburtstagsparty nehmen wir einen Umweg in Kauf und fahren ein bekanntes Pärchen nach Hause. Zum Mittag bereite ich einen lukullischen Nachtisch für meinen Mann und meine Eltern. Als meine Mutti dann in ihrer Siesta versinkt, lege ich für sie die Unterhosen meines Vaters zusammen – eine Überwindung und definitiv der Bezeichnung einer guten Tat würdig …

Am Nachmittag bauen wir mit Freunden einen überlebensgroßen Schneemann. Große und kleine Nachbarherzen schlagen höher. Ich verzichte großzügig auf das Schild „Bitte um eine Spende für die Erbauer".

Was sollte ich tun? Mich nur für eine gute Tat entscheiden? Es scheint Tage zu geben, an denen alles möglich ist.

Die 11. gute Tat: Drei Lassi in der Sauna

Lassi, so klärt mich die Saunabardame auf, ist ein Wellnessgetränk aus Joghurt. Bin eigentlich eine notorische Aus-der-selber-mitgebrachten-Wasserflasche-Trinkerin. Doch heute ist alles anders! Ich habe noch nicht mal die Preise der Wellnessdrinks gemessen an ihrer Ausschankgröße verglichen oder eine Statistik über die Zufriedenheit der Tester erfragt. Bestelle drei Lassi für mich und meine zwei Begleiterinnen. Überlege kurz, ob ich nicht für alle Damen aus der Sauna bestellen sollte, stoppe aber den schon bekannten Strudel der guten Taten noch rechtzeitig.

Genüsslich liegen wir mit unseren Drinks in flauschigen Bademänteln vor dem prasselnden Kaminfeuer und fühlen uns irgendwie verwegen. Meine zwei Begleiterinnen sind übrigens von meiner neuen 365-gute-Taten-Idee total begeistert. Warum wohl?

Die 12. gute Tat: Der Kuss und wie ich die dreizehnte Tat verpasste

„Wie wäre es, wenn ich meinem 11-jährigen Patienten Peter heute keine Hausaufgaben aufgeben würde?", überlege ich, während ich morgens von Hausbesuch zu Hausbesuch fahre. Keine Hausaufgaben – das wäre doch eine gute Tat?!

Doch ich zögere: Steht diese gute Tat im Gegensatz zu meinen pädagogischen Pflichten? Komme zu keinem Ergebnis und bin auch schon an meinem nächsten Ziel angelangt: Eine kleine, sehr alte Omi erwartet mich bereits. Sie hat einen schrecklichen Husten und unsere Sprachübungen fallen ihr daher besonders schwer.

Ich beende die Stunde vorzeitig und mache ihr einen schönen, heißen Tee. Leider kann ich nicht mal selber einen mittrinken, denn schon muss ich weiter. Schnell helfe ich ihr noch, den abgehusteten Schleim in das von mir aufgehaltene Taschentuch zu spucken. Dann sage ich: „Weil ich jetzt schnell weitermuss, bekommt die Oma einen …?" – „Kuss!", ruft sie freudestrahlend und weg bin ich.

Am Nachmittag gebe ich Peter die Übung, die er in der Therapiestunde nicht geschafft hat, mit nach Hause. Er verdreht die Augen und schimpft, während er den Raum verlässt: „Ich hätt mich so gefreut, wenn ... Mann, jetzt auch das noch ... wenigstens einen freien Nachmittag ...!“

Der Gute-Taten-Kandidat erhält 0 Punkte, knapp daneben.

Gute Taten 13. und 14.: Tante Sabine und die Post

Die liebe Tante Sabine ruft meinen Mann immer zu seinem Geburtstag an. Seitdem ich mit zur Familie gehöre, steh ich auch auf ihrer Telefonliste. Heute schreibe ich ihr eine Karte und hoffe, damit die hundertmal wiedergutzumachen, an denen wir ihren Geburtstag vergessen haben. Ich schreibe: „Wir wünschen dir wie jedes Jahr ...“, damit sie denkt, unsere regelmäßigen Geburtstagswünsche wären von der Post verruschelt worden ...

Apropos Post: Tat Nummer 14 – schon wieder „Kurfürst“, schon wieder Bewerbungsbriefe.

Die 16. gute Tat: Ich möchte mehr tun

Wie kann es sein, dass ich in meinem „Jahr der guten Taten“ nichts tun kann, wenn etwas Schlimmes passiert? Das frage ich mich, wenn ich im Fernsehen die schrecklichen Bilder über Haiti sehe. Plötzlich erscheinen mir meine Taten aus der Kategorie „Marzipantorte“, „Postbote“ oder „Bodylotion“ mehr als nur klein und bedeutungslos.

Ich spende 20 Euro und spreche ein Gebet. Bleibe unbefriedigt zurück. Meine Freundin Patrischa möchte mich aufmuntern und sagt, selbst ein Lächeln wäre eine gute Tat. Ich grinse sie an. „Du hast da was zwischen den Zähnen", bemerkt sie trocken.

Manchmal können einen die Nachrichten aus aller Welt ganz schön stressen. Das Leid ist unmenschlich hoch und die eigenen Mittel, etwas zu unternehmen, sind zu gering. Man fühlt sich gelähmt und resigniert.

Doch man kann etwas verändern. Da, wo man gerade steht, wird man gebraucht. In deiner Familie steht demnächst ein großes Fest an? Super, dann biete deine Hilfe an. Dein Kollege leistet richtig gute Arbeit? Dann lobe ihn! Der Postbote grüßt immer freundlich? Grüß ihn freundlich zurück und wünsche ihm einen schönen Tag. Du hast noch eine Bodylotion auf Vorrat? Super. Man muss nicht die ganze Welt auf einmal retten, Schritt für Schritt. Jeden Tag eine gute Tat. Mit Gottes Hilfe.

Die 17. gute Tat: Hereinspaziert!

Solltest du dich einmal fragen: Was soll ich hier? Wer nimmt mich überhaupt wahr? Oder: Wem bin ich etwas nütze? Dann kann ich dir nur folgende, heute höchst persönlich durchgeführte gute Tat empfehlen. Hilft ungemein.

Nervös stehe ich am größten Eingang eines Shoppingcenters mitten im Stadtzentrum. Los geht's, ich werde den hereinströmenden Massen die Tür aufhalten!

Mist, bin selber mit reingegangen. Zweiter Anlauf: Halte die Tür jetzt von innen auf. Damit ich nicht ganz geisteskrank wirke, beschließe ich, öfter auf die Uhr zu schauen, damit es so aussieht, als würde ich auf jemanden warten. Nachdem ich dreimal in 30

Sekunden auf die Uhr gestiert habe, ahne ich, genau diesen Eindruck zu erwecken. Der eine oder andere bedankt sich. Langsam werd ich lockerer. Versuche es sogar mal mit einem Lächeln. Scheint zu wirken: Die Menschen lächeln zurück.

In den nächsten fünf Minuten bekomme ich so viele tiefe, echte, überraschte und freundliche „Danke“ wie noch nie in meinem Leben. Beflügelt gehe ich zum nächsten Eingang, um meine Selbstlosigkeit auf alle Türen gerecht zu verteilen. Wenn da nicht dieses SALE-Schild gewesen wäre …

Gute Tat Nr. 18: A, B, C oder D?

Sonntagabend. Ich würde gern:

A: im Kino mit meinem Mann knutschen,
B: in der Badewanne liegen und ein gutes Buch lesen oder
C: die Türen zum Shoppingcenter aufhalten.
Doch A: interessiert uns kein Film,
B: haben wir keine Badewanne
und C: haben heute die Geschäfte geschlossen.

Also beschließe ich, auf dem Pfad der guten Taten wandelnd, mit einem alten, höchst wahrscheinlich einsamen und von uns vernachlässigten Freund essen zu gehen. Als hätte er meine Gedanken erraten, antwortet er auf die Frage, wie es ihm gehe, mit: „Ich bin nicht einsam, ich hab immer einen mitlaufen.“ Was das genau heißen soll!? Keine Ahnung, aber kaum einer will wohl eine gute Tat aus Mitleid.

Gute Tat 21 und 22:
Amore und Zitronen

Herr Moßig kann seit zwei Jahren nicht mehr viel selbstständig sprechen. Einzig das Nachsprechen klappt noch recht gut. Anstatt ihn „Sie sind eine wunderschöne und sympathische Therapeutin“ nachsprechen zu lassen, sage ich: „Ihre Frau heißt INGE! Sprechen Sie mir bitte nach: INGE, ich liebe dich.“ Freudig ruft er daraufhin aus vollem Halse: „INGE, ICH LIEBE DICH!“

Frau Moßig lacht über das ganze Gesicht. Das hatte sie lange nicht mehr gehört. „Du bist ein guter Lumprich!“, lobt sie ihn.

Ich stehe im Supermarkt an der Kasse und kaufe ein Netz Orangen, eine Tüte Flips, Müsli und zwei Primeln (etwas davon wird meine nächste gute Tat. Na, wer kommt drauf?). Eine Frau steht hinter mir in der Schlange und ich lasse sie vor. Sie kauft vier Zitronen. Diese gute Tat dauert heute – ich habe die Zeit gestoppt – nur sieben Sekunden! Das ist kürzer, als ich am Tag damit verbringe, mir meine Nase zu putzen oder mir eine Praline auf der Zunge zergehen zu lassen. Ja sogar kürzer, als den Schlüssel herauszukramen, der mal wieder unter allen Einkäufen in der Tüte liegt.

Gute Tat Nummer 23:
Der Archetypus

Ja, richtig erraten: Ich habe heute eine Topfpflanze verschenkt. Genau genommen ist die Topfpflanze der Archetypus der guten Tat.

Und zwar aus folgenden Gründen: Sie ist

a) preiswert (nicht zu unterschätzen, vor allem, wenn man 365 gute Taten vollbringt)
b) vielseitig und schön anzuschauen
c) langlebig (ein gutes Wort verhallt, die Bodylotion wird verschmiert, die Torte wird verspeist)

Später am Tag sitze ich in meinem Therapieraum und blicke sinnend auf die noch verbliebenen fünf, nein jetzt nur noch vier roten Blätter meines Weihnachtssterns. Definitiv ist diese Topfpflanzen-Untergruppe bei Punkt c) durchgefallen.

Die 25. gute Tat: Die Geburtstagsfeier

Es ist 3:30 Uhr. Wenn ich noch zählen könnte, wäre ich nach dem vergangenen Abend wahrscheinlich um 100 gute Taten reicher. Bei der Geburtstagsfeier meines Schwiegervaters war ich heute:

Dekorationsbeauftragte
Programmmanagerin
Ermutigerin für den Gastgeber, Schausteller aller Art und den Koch
Tänzerin und
Spielanleiterin

Dann haben mich auch noch meine Eltern gefragt, ob ich sie heimfahren könnte! Das war zu viel. Ich ging zur Bar. Und blieb dort. Bis ich wieder gebraucht wurde: als Aufräumassistentin.

An die Geburtstagsfeier schloss sich gleich am nächsten Abend der zweite Höhepunkt des Wochenendes an: der erste Auftritt von

„Kurfürst" im neuen Jahr. Der kurfürstliche Reigen besteht seit 2007 aus:

- dem engagierten hot Drummer Christoph,
- dem spaßigen Gitarristen Til, der nie übt,
- dem moralisch anspruchsvollen Gitarristen Martin, der viel übt,
- dem selbstbewussten Frontmann und Sänger Jonathan,
- seinem kleinen, vielseitig begabten Bruder und Keyboarder Merlin
- und dem Bassisten Jakob – dem Freak.

Woche für Woche versuchen sie, an neuen Liedern zu feilen, was schwierig ist, da drei der Jungs auf Metall stehen, einer auf Mainstream, einer auf Drum 'n' Base und einer immer schweigt, sich dann aber per E-Mail ziemlich klar äußert. Und weil jeder eine Stimme hat und auch Gehör findet, entsteht am Ende der undefinierbare, aber typische Kurfürstsound, der von allem etwas hat.

In einem Punkt sind sie sich jedoch alle einig: Sie wollen als Christen ein Vorbild für ihre Fans sein. Sie wollen Spaß haben und diesen rüberbringen. Außerdem darf keiner mit fettigen Haaren auf die Bühne – auch Jakob nicht.

Emmi, meine kleine Schwester, ist mit Til, dem Gitarristen, zusammen. Da wir also beide unsere Männer an eine der wichtigsten Newcomerbands im christlichen Bereich verloren haben, gründeten wir vor lauter Langeweile eine Tanzgruppe: UNIQUE. Emmi und ich sind über die Maßen tänzerisch begabt. Sie kann Breakdance und ich ein Rad. Wir würden das auch gern öfter unter Beweis stellen, aber leider haben wir immer zu wenig Platz auf der Bühne. Trotzdem bilden wir einen unverzichtbaren Teil der Show und haben damit nach Meinung der Band einen Weg gefunden, vom Ruhm etwas abzubekommen ...

Die 26. gute Tat: Nicht nur süß

Samstagabend: Meine Schwester Emmi und ich bereiten uns als Tanzgruppe „UNIQUE" auf den Auftritt mit Kurfürst vor. In der Mädchentoilette ziehen wir gerade unser Dancedress an und diskutieren mal wieder: Wer von uns beiden ist die Tanzgruppenleiterin und wer die Stellvertretende? Ist Emmis Shirt zu knapp für eine anständige Tanzgruppe? Und warum bezahlt uns Kurfürst eigentlich nicht für unseren unschätzbaren Dienst? Plötzlich hören wir entfernt die Trommeln – unseren Einsatz! Wir stürzen raus, ab durch die Menge, rauf auf die Bühne: Los geht's!

Ein neuer Tiefpunkt. Jetzt hat die Band nicht nur wie sonst vergessen, uns anzukündigen, ja sie hat sogar vergessen, dass wir überhaupt mittanzen. Nach unserem Auftritt bekommen wir EIN Feedback: „Ihr seid ja süß!" Grrrr – wir sind nicht süß, sondern athletisch, feurig, stark. Emmi ist ziemlich down. Ich schreibe ihr heute eine Karte: „Danke für UNIQUE. Mit dir zu tanzen macht Spaß. Du bist toll!"

Emmi sieht mit ihrer schlanken Figur, ihrem niedlichen Gesicht und ihrem strahlenden Lächeln einfach blendend aus, was in der Familie liegt. Ich mag sie sehr. Sie ist hilfsbereit und immer pünktlich. Im Gottesdienst singt sie stets lauthals und aus Versehen so etwas Ähnliches wie die zweite Stimme.

Was die guten Taten betrifft, ist mir Emmi als Krankenschwester ein großes Vorbild. Sie redet gern und oft über die täglichen Krankenhaus-Katastrophen (die immer mit Exkrementen zu tun haben). Sie könnte auch ein Buch mit dem Titel „365 gute Taten" schreiben, nur könnte es niemand lesen, weil es einfach zu widerlich wäre. Hier eine kleine Kostprobe: Emmi leert den Anus praeter (den künstlichen Darmausgang) eines niedergeschlagenen Patienten. Um die Stimmung aufzuheitern und dem Kranken das Gefühl zu vermitteln, dass er hier so angenommen wird, wie er ist, sagt sie freundlich: „Oh, Sie haben wohl gestern Kiwi gegessen?"

Die 28. gute Tat: Taub am Telefon

Meine 94-jährige, leicht vergessliche, schwerhörige und fast blinde Patientin ist schon seit Wochen aufgeregt und besorgt: Sie könnte den anstehenden 50. Geburtstag ihres Enkels Wolfgang verpassen! Ich notierte mir das Datum, übte mit ihr Sätze für ein Telefongespräch ein und reimte mit ihr ein paar Verse für die Glückwunschkarte, die alle Omaherzen höherschlagen lassen.

Heute ist es nun so weit. Ich wähle die Nummer und übergebe der zittrigen alten Dame den Telefonhörer. Meine gute Tat wäre einfach perfekt gewesen, wenn ich bedacht hätte, dass meine fast taube Patientin die leise, verrauschte Stimme des Telefonpartners gar nicht mehr hören kann. Gut, dadurch merkt sie auch nicht, dass ich beim ersten Versuch die falsche Nummer eingetippt hatte. So freuen sich heute eben zwei Menschen über Glückwünsche.

Gute Tat Nummer 29: Frühlingsgefühle im Pflegeheim

Bin bei minus 12 °C mit einem hoffnungsvoll stimmenden Narzissenstrauß auf dem Weg zu meiner 80-jährigen Patientin Frau

Rose im Pflegeheim. Beim Anblick der übrigen Geburtstagsgeschenke bin ich froh, nicht – wie anscheinend in Seniorenheimen üblich – Schnapspralinen gekauft zu haben. Die stapeln sich nämlich schon. Es scheint der einzig legale Weg für die Bewohner zu sein, an Hochprozentiges zu kommen.

Frau Rose ist entzückt und nimmt die Frühlingsblumen sofort zum Anlass, mich in ihre Frühlingsgefühle einzuweihen: Sie hat sich in den gleichaltrigen Bewohner Herrn Kreißig verliebt und ist unsicher: „Fürs Bette brauch ich doch keinen Mann mehr, oder?“, fragt sie.

Mit einem Augenzwinkern sage ich: „Ach, warum denn nicht?“

Die 31. Tat: Eingecremt!

Letzte Woche wurde mir die Ehre zuteil, den Sänger von Kurfürst, Jonathan, für einen Videoclipdreh zu schminken. Durch meinen Kommentar zur Wichtigkeit des täglichen Eincremens erhöhe ich seine Chancen in der Frauenwelt beträchtlich. Er verspricht Besserung. Eine Woche später beklagt er sich bei mir, er hätte keine Creme im Drogeriemarkt gefunden. Männer! Heute kauf ich ihm also eine. Der Sänger steht für Fühlproben bereit.

Die 32. Tat: Der Kochkurs

Heute sind mein Mann und ich im Kochkurs. Mit uns an den Töpfen:

- der motivierte Koch,
- die Lederhosen tragende und leicht alkoholisierte Küchenkraft,
- ein cooler Möchtegern, der ständig Witze reißt und auf seinem Stuhl rumkippelt,
- seine stille Freundin,
- zwei lesbische Krankenschwestern,
- und eine 55-jährige nette Dame, die gerade eine Scheidung hinter sich hat.

Statt meinem Mann Liebesbotschaften ins Ohr zu flüstern, verwickle ich die fehl am Platz wirkende Singlefrau in einen Smalltalk. Der Kippelfutzi fällt, zu meiner Belustigung, vom Stuhl.

Gutes Essen und gute Rollenbesetzung. Ich gebe ein großzügiges Trinkgeld.

Gute Taten 33 und 34: Liebesbrief und Trostkarte

Ich bin krank und kann nicht raus. Was kann ich schon Gutes zu Hause tun? Schreibe einen Liebesbrief an meinen Mann. Nach zehn Zeilen bin ich total schwach und will den Rest des Briefes mit kitschigen Herzen vollkleben.

Da kommt meine jüngste Schwester Elif weinend nach Hause: mit Liebeskummer. Ich raffe mich sofort auf, lege ein paar Kekse in eine Schüssel, schreibe eine Trostkarte und lege beides vor ihre Tür.

Die 35. gute Tat und die Knoblauchwolke

Meine Krankheit lässt es gerade so zu, dass ich für meine Eltern, meinen Mann und meine Schwester ein leckeres Sonntagsessen bereiten kann. Inspiriert von unserem Kochkurs möchte ich in bisher ungeahnte kulinarische Geschmackswelten vorstoßen. Es gibt frische Lasagneblätter mit Kirschtomatensoße und zum Nachtisch Quark-Nougat-Creme auf frischen Früchten. So weit die Planung …

Nach dem Essen stellt sich mir nur eine Frage: Gilt es auch als gute Tat, wenn erstens nach dem Verzehr alle Familienmitglieder zehn Kilometer gegen den Wind nach Knoblauch stinken, zweitens nur einer der beiden Gänge überhaupt genießbar war und drittens alle das Schlachtfeld Küche aufräumen müssen, während ich schon wieder total schwach im Krankenbett Fieber messe?

Februar: Mein Nächster ist näher als gedacht

**„Warum in die Ferne schweifen?
Sieh, das Gute liegt so nah!"** J. W. Goethe

Gute Tat Nr. 36: „Ich glaub an dich!"

Heute sitze ich beim Arzt, bin krank. Um mich herum nur mega-genervte, von Schnupfen und Fieber gezeichnete Gesichter. Lautes Husten, Stöhnen und Fluchen. Ich nehme mir fest vor, jemandem den Vortritt zu lassen, wenn ich aufgerufen werde.

Fast drei Stunden später höre ich: „Frau Voigt, bitte!" Ich laufe los, nein, ich renne schon fast. Ich kann nur noch an drei Dinge denken: an mich, meine Krankheit und meine abgelaufene Parkuhr! Ob ich deswegen einen Strafzettel bekommen habe? Das war wohl nichts mit der guten Tat! Der Arzt diagnostiziert eine Kehlkopfentzündung und verordnet Sprechverbot.

Also bleibt mir nur das Schreiben. Ich habe eine Freundin, Josi, die sich selbstständig machen will. Ich war dazu bisher, muss ich eingestehen, immer etwas kritisch eingestellt und wenig aufbauend. Heute will ich sie ermutigen und schreibe: „Verfolge deinen Traum. Lass dir nicht dazwischenreden. Ich glaub an dich!"

Die 38. gute Tat: Einen Fehler nicht anrechnen

Es ist deprimierend: Wenn man krank ist, passiert überhaupt nichts. Brauchbare Vorlagen für gute Taten sind nicht in Sicht.

Obwohl, etwas liegt mir schon lange auf dem Herzen: Katja ist eine ehemals sehr gute und langjährige Freundin. Doch letztes Jahr hat sie mich während unserer Hochzeitsvorbereitungen im Stich gelassen, mich verletzt. Sie hat immer mal wieder versucht, danach mit mir Kontakt aufzunehmen. Ich blockte immer ab. Die Sache war für mich so schwerwiegend, dass ich nicht einfach darüber hinwegsehen wollte oder konnte. Ich habe schon geahnt, dass die Versöhnung mit Katja ein Thema während meines Jahres der guten Taten werden könnte. Aber doch höchstens erst als krönender Abschluss, zu ihrem Geburtstag oder wenigstens an einem Sonntag?

Ich glaub's selber nicht, aber vollbringe die größte gute Tat bisher: „Hallo Katja, wie geht's dir so? Ich fänd's schön, wenn wir uns wieder gut verstünden. Ich bin nicht mehr böse." Das schreibe ich schnell und schicke die Zeilen los, bevor ich es mir wieder anders überlegen kann.

Der Gute-Taten-Blog ist heute einen Monat alt. Habe schon etwas Wichtiges gelernt: Eine gute Tat bedeutet auch, einen Fehler nicht anzurechnen.

Gute Tat Nummer 39: Der längste Arbeitstag der Welt

Gehe heute zur Arbeit, obwohl ich noch nicht wieder richtig sprechen kann. Gute Tat für meinen Chef. Gute Tat auch für mein neues Therapiekind Elsa: Sie schaut mich an, als hätte ich ihr die Sterne vom Himmel geholt, als ich mit dünner Stimme hauche: „Ich kann heute nicht sprechen, lass uns ein Spiel am Computer spielen."

Für manche vollendet veredeltes Pflichtbewusstsein, für andere die zarteste Versuchung, seit es Jobs gibt. Für mich einfach nur der längste Arbeitstag der Welt.

Gute Tat Nummer 42: Mein Vati in der Krise

Gestern hat sich mein Vati eine Kette gekauft!

Heute färbe ich ihm seine Haare!!

Wenn ich morgen noch eine gute Tat bräuchte, könnte ich ihn auch mal schminken, schlägt er vor!!!

Mein Vater Mario ist mit meiner Mutter Karin seit 27 Jahren verheiratet. Er hat, trotz seines vorangeschrittenen Alters, schönes volles und lockiges Haar und neuerdings eine gute Figur. Im Sommer läuft er immer mit einem roten Kopf rum, weil er sich weigert, Sonnencreme zu benutzen. Er mag es, wenn man nicht mehr erkennen kann, wo sein Gesicht aufhört und sein heiß geliebtes rotes T-Shirt anfängt.

Meine Eltern leben in einem Vorort von Chemnitz in einem schönen, großen Haus mit Garten. Es ist das Haus, in dem ich und meine zwei Schwestern Emmi und Elif groß geworden sind. In diesem Garten haben wir die schnellsten Wettrennen veranstaltet, die größten Schneemänner gebaut, die herrlichsten Wasserbombenschlachten gekämpft und die wildesten Partys gefeiert. Mein Mann und ich machen uns, wie meine Schwestern auch, immer am Wochenende auf den Weg zu ihnen, genießen das Familienleben und fahren jeden Sonntagabend mit schwerem Herzen weg von dem Ort, der unsere Heimat ist.

Bald steht für meinen Vati der nächste runde Geburtstag an: der fünfzigste! Aber darauf möchte er nicht angesprochen werden. Er ist in der Midlife-Krise. Er trägt nur noch taillierte Hemden und eine brilliantenbesetzte, weiße Keramikuhr. Er raucht heimlich, hat sich einen YouTube-Kanal eingerichtet und singt als „The Mario Melody" mit Inbrunst „My heart will go on".

Seine besondere Lebensphase dauert nun schon drei Jahre. Ich solle mich nicht aufregen, sagt er. Schließlich hätte er die zehn Jahre Pubertät von uns drei Schwestern auch ausgehalten. Ich weiß nicht, was er damit meint. Schließlich haben WIR ihn ausgehalten, wenn er zufällig immer dann nur mit einem Slip bekleidet durch die Wohnung spazierte, wenn unsere Freunde da waren.

Mein Vati ist in einem internationalen Missionswerk angestellt. Wer denkt, das wäre Berufung genug, der irrt sich. Da er ein gutes Händchen für Putz- und Maurerarbeiten aller Art besitzt, sein Gesangstalent wiederentdeckt und einen Kurs bei einer Massageschule belegt hat, eröffnete er neulich ein Nebengewerbe. Auf den Visitenkarten steht:

Dienstleistungen rund ums Leben.

Ihr missionierender Mörtel Masseur Mario Melody.

Die 43. gute Tat: Ich begleiche meine Cappuccino-Schuld

Circa einmal im Monat kommt es zu einer seltenen Konstellation verschiedener Komponenten, die einzeln eintreffend gut möglich, aber in der Kombination äußerst unwahrscheinlich sind.

- Ich wache vor dem Weckerklingeln auf.
- Das Wetter zeigt sich weder regnerisch, windig oder schneemäßig übel gelaunt.
- Ich erhasche eine grüne Welle (ja, auch Fahrradfahrer müssen sich an Ampeln halten, besonders die, die sich gerade im Gute-Taten-Jahr befinden!).
- Ein Patient verspätet sich.

Das Zusammenspiel dieser günstigen Umstände eröffnet mir dann ein Zeitfenster von fünf Minuten, in denen ich mir auf der Arbeit einen Cappuccino ansetze. Das Pulver mopse ich mir dabei von meiner Kollegin. Heute kaufe ich ihr eine neue Tüte edelster Sorte. Das trifft sich gut, denn morgen hat sie Geburtstag. Aber ich habe mir für sie noch mehr ausgedacht. Ich kündige jetzt schon mal die selbstloseste und schmerzhafteste gute Tat ever an! Da könnt ihr mal so richtig gespannt sein!

Die 44. gute Tat: „Fettarsch“ wünscht alles Gute

Groß angekündigt – heiß ersehnt. Heute war es nun so weit!

Meine Kollegin hat Geburtstag. Sie muss eine Stunde länger arbeiten als ich. Und sie erwartet für heute Abend natürlich

Gäste. Ihr ahnt es schon, oder? Aus meinem Neun-Stunden-Tag wird ein Zehn-Stunden-Tag. Großzügig und leichtsinnig biete ich ihr an, die letzte Therapie für sie zu übernehmen. Ohne mir die Überstunde anzurechnen, versteht sich.

Das Kind, das ich nun therapiere, ist scheinbar auch ganz begeistert und nennt mich liebevoll „Fettarsch“.

Pfeif auf die guten Taten! Hätte Lust, mal wieder was richtig Fieses zu tun!

Da haben wir den ersten Angriff vom Teufel: das freche Aufquieken der fiesen Sau in mir oder eine vorübergehende Blockade meines Tatenchakras. Nennt es, wie ihr wollt. Ich war auf der Suche nach DER selbstlosen Tat. Dass sie mich einiges an Überwindung und Anstrengung kosten würde, war ja klar. Aber dann ausgerechnet dieser Kommentar? Über mich?

Innerlich stelle ich mir vor, wie ich dem frechen Kind heute den Belohnungsaufkleber verwehre, auf dem Nachhauseweg meinen Kaugummi auf den Gehweg spucke und am Abend nicht ans Telefon gehe, wenn die Oma meines Mannes anruft. Ach, das wäre ein Leben! Wie wäre es, wenn ich nächstes Jahr 365 schlechte Taten vollbringen würde?

Ich seufze resigniert. Nein, das bringt doch nichts, schelte ich mich selbst im Stillen. „Herr, gib mir Kraft“, bete ich. „Sei du in den Schwachen mächtig.“ Und laut zu dem Kind sage ich: „So, jetzt wollen wir mal sehen, ob du auch fein die neuen Wörter gelernt hast. Lass uns Memory spielen. Aber sei auf der Hut! Ich hab heut mal richtig Lust abzuräumen.“ Dem hab ich’s aber gezeigt, was?

Die 45. gute Tat: Neunter Jahrestag

Heute vor neun Jahren – auf den Tag genau – begann unsere persönliche Lovestory! Ich schenke meinem Mann Chris zur Feier des Tages eine Unterhose. Muss jetzt auch schon wieder Schluss machen, er will sie mir gleich vorführen.

Die 46. gute Tat: Kundin des Monats

Kann mich nicht entscheiden zwischen Wieder-in-die-Bibliothek-gehen-und-riskieren-wiedererkannt-zu-werden oder Auf-einen-spannenden-DVD-Abend-verzichten-weil-ich-den-vorbestellten-Film-nicht-abhole. Nach längerem Abwägen gehe ich mit Mütze, Fahrradhelm und hochgeschlossener Winterjacke getarnt an den Bibliotheks-Hauptschalter.

Die Bibliothekarin beginnt auf einmal, fürchterlich zu husten. Ich denke, sie hat mich erkannt und benutzt das Husten als Code, ihre Kolleginnen vor der Verrückten mit der Bodylotion zu warnen. Dann merke ich, trotz Paranoia: Das Husten ist echt! Blitzschnell zücke ich einen edlen Salbeihustenbonbon. Es würde mich nicht wundern, wenn demnächst ein Bild von mir in der Bibliothek hängt: Unsere Kundin des Monats.

Kommentar Phil:

Liebe Theresa,

ich bin ja eher zufällig auf deinen Blog gestoßen. Seitdem schaue ich aber täglich hier rein, weil ich das toll finde, was du machst und es spannend ist, das mitzuverfolgen. Es freut mich, dass dein Projekt so eine gute Entwicklung nimmt und es dir so guttut.

Ich hoffe, dass dein Vorhaben nicht nur dir was bringt, sondern auch andere animiert, nicht immer nur an sich selbst zu denken.

Gute Tat Nummer 49, 50, 51: Aktivurlauber

Trotz Urlaub bin ich aktiver als je zuvor.

Ich helfe einem Skifahrer nach einem Sturz auf (49).

Auf der Heimreise besuchen mein Mann und ich meine Freundin Anna und ich lobe ihre neue Wohnung mit den Worten: „Schön sauber hier“. Als ich dann noch sage: „Nicht schlecht, Herr Specht!“, meint sie: „Ich fühl mich, als wäre meine Oma zu Besuch da!“ Aber Lob ist Lob, finde ich (50).

Am Abend gehen wir gemeinsam in ihre Gemeinde und ich lasse sie ganze anderthalb Stunden an meinen Beinen anlehnen, da wir wie echte coole Jugendliche auf dem Boden herumhängen. Danach helfe ich mit beim Wiederaufstellen der Stühle für den nächsten Gottesdienst (51).

Fazit: Die guten Taten verändern mich und meine Aufmerksamkeit. Kann mir nicht vorstellen, dass ich noch vor zwei Monaten meine Handtasche in den Schnee fallen gelassen hätte, um einem Skifahrer, der mindestens dreimal so viel wiegt wie ich, auf die Beine zu helfen. Hätte meinen Mann geschickt.

Endlich stand der erste Urlaub des Jahres an. Wir fuhren in ein kleines Magdeburger Hotel, gingen in die Sauna und unternahmen lange Spaziergänge an der zugefrorenen Elbe. Wir besuchten auch meine Freundin Anna für ein paar Tage in Braunschweig. Sie kommt ursprünglich aus Chemnitz, ist aber bedauerlicherweise schon vor Jahren mit ihren Eltern nach Niedersachsen gezogen und dort heimisch geworden. Anna und ich kennen uns schon von Kindertagen an. Wir sehen uns selten, verstehen uns aber jedes Mal blendend. Ich bin oft traurig, dass sie so weit weg wohnt. Dann rufe ich sie an und sage, ich hätte einen prophetischen Traum gehabt, in dem es hieß, sie solle wieder nach Chemnitz zurückkommen. Leider fällt sie nie drauf rein.

Als ich nach den paar freien Tagen abends an Annas Computer saß und hundemüde meinen Blog schrieb, merkte ich, wie sehr ich mich schon verändert hatte. Ich tat weiterhin die guten Dinge, die mir leichtfielen und die ich eigentlich schon immer getan habe, etwa jemanden loben oder motivieren. Nur nahm ich diese Dinge jetzt bewusster wahr. Außerdem tat ich nun vieles, wofür ich ohne mein Experiment niemals einen Finger gerührt hätte – aus Faulheit, Bequemlichkeit oder aus Angst. Ich dachte daran, wie ich vor ein paar Stunden die Stühle in der mir fremden Gemeinde gestellt hatte. Das war sicher nicht besonders schwer oder außergewöhnlich mutig. Aber selbst da hätte ich noch vor ein paar Wochen gedacht: „Sicher gibt es hier irgendjemanden, der stärker und verantwortlicher ist und sich besser auskennt. Ich mach das nicht. Warum auch?“

Während ich die letzten Zeilen des Blogeintrages tippte, schloss ich mit einer neuen Erkenntnis: Es ist leichter als gedacht mit den guten Taten. Man muss es sich nur vornehmen. Und man muss die Augen offen halten.

In meinen Gedanken formte sich plötzlich ein Merksatz, der demnächst sicher in sämtlichen Zitat- und Sprichwörter-Büchern erscheint:

„Die Bereitschaft zu guten Taten verändert die Wahrnehmung der Möglichkeiten."

Gute Tat Nummer 52: Ich krieg dich!

Den ganzen Tag über hab ich versucht, meiner Freundin Anna eine gute Tat angedeihen zu lassen … Ich wollte mit ihr Getränke kaufen fahren, damit sie allein und ohne Auto nicht so viel schleppen muss. Ich wollte ihren Balkon vom Schnee befreien und habe ihr bei einem Einkaufsbummel durch die Innenstadt einen Euro angeboten für eine Fahrt in so einem Miniatur-Kinder-Elektroauto. Es gibt Menschen, die eine gute Tat schlecht annehmen können. Also habe ich heimlich, kurz vor meiner Abreise, eine Flasche guten Rotwein in ihrem Bett versteckt. Wenn sie später einen Kater hat, kann ich aber nichts dafür. Ich hätte ja auch Schnee geschoben.

Da haben wir ihn. Den zweiten Empfänger-Typ meiner Liste „Wie Leute auf gute Taten reagieren". Typ 2: Der Engagierte. Er ist zu gut für diese Welt und ständig selbst mit guten Taten beschäftigt. Menschen aus der Kategorie „Mutter Teresa" backen, schenken, helfen, spenden und schweigen. Und da machen sie ja schon vieles richtig!

Wenn man ihnen dann aber etwas Gutes angedeihen lassen will, bekommt man nur ein großzügiges „Nein, mach dir keine

Umstände!" zu hören. Es scheint, als würde sie es stressen, nicht im selben Moment eine Gegenleistung erbringen zu können. Dabei haben sie es wirklich verdient. Dabei sind sie es wert.

Ich denke dabei an meine Bekannte Marlen, die mir sagte, sie bewundere mich dafür, dass ich jeden Tag nur EINE gute Tat tun würde. Oder meine Patentante Elke. Sie lächelte mitleidig, als ich ihr von meiner Idee mit den 365 guten Taten erzählte. Leicht vorwurfsvoll sagte sie: „Aber Theresa, das ist doch kein Experiment, sondern eine Lebenseinstellung!" Für mich jedenfalls ist es vorerst Herausforderung genug. Vor allem, wenn ich keine willigen Opfer finde.

TYP 2: DER ENGAGIERTE

Engagierte sind die Mutter Teresas dieser Welt. Selbstlos backen sie, schenken, helfen, spenden und schweigen. Doch wenn man ihnen einmal etwas Gutes tun will, bekommt man nur ein großzügiges „Nein, mach dir keine Umstände!" zu hören. Es scheint, als würde sie es stressen, nicht im selben Moment eine Gegenleistung erbringen zu können. Dabei haben sie es wirklich verdient. Dabei sind sie es wert.

Gute Tat Nummer 53: Die beste Mentorin 2010

Untersuchungen haben ergeben, dass fünf positive Kommentare erforderlich sind, um einen negativen auszugleichen. Ich versuche, mich heute bei dem Abschlussgespräch mit meiner Praktikantin daran zu halten. Ich mache ihr Mut und richte den Blick bewusst auf ihre Stärken. Die meisten Menschen erreichen ihr volles Potenzial nur dann, wenn jemand an sie glaubt.

Dann lade ich sie zum Essen ein. Für mich springt natürlich auch wieder was raus: der von meiner Praktikantin vergebene Titel „beste Mentorin 2010". Doch darum geht es nicht. Nicht darum, wie ich gesegnet werden kann, sondern wie ich anderen ein Segen sein kann. Also wenn's solche Mentoren schon zu meinen Zeiten gegeben hätte … ☺

Die 54. gute Tat: Zupfkuchen mit Blumen

Da ich nicht nur die beste Mentorin, sondern auch die beste Mieterin sein möchte, schenke ich der alleinstehenden alten Dame aus dem Obergeschoss einen Teil des heute von mir gebackenen Zupfkuchens. Ich lege noch ein paar der ersten erwachten Blumen aus unserem Garten dazu. Ich kenne sie nicht und hoffe, sie sind nicht giftig. Bon appetit!

Die 55. gute Tat: Weitblick

Eine Patientin betritt heute niedergeschlagen meinen Therapieraum. Ich streiche die in meinem imaginären Gute-Taten-Planer stehende Notiz „Zur bestandenen Fahrprüfung gratulieren". Schon das sechste Mal durchgefallen.

„Jetzt geb ich auf. Ich bin einfach zu blöd dazu", sagt sie resigniert.

Ich antworte: „Gib nicht auf. Beim nächsten Mal schaffst du es."

Es geht eben auch darum, in den Menschen nicht nur das zu sehen, was sie gerade sind, sondern auch das, was sie werden können.

Die 57. gute Tat: Das Doppelte weitergeben

Manche Freitage sind nicht so öde, wie man denkt. Warum?

1. Eine fremde Frau auf der Straße lächelt mich an.
2. Ich bekomme ein Kompliment: Ein kleiner Junge sagt zu seiner Mutti: „Die Frau hat aber eine schöne Stimme!"
3. Als Dankeschön überreicht mir eine Patientin einen rosa Blumenstrauß zum erfolgreichen Therapieende.

Wie kann ich das Gute, das mir passiert, zurückgeben? Ich beschließe, einfach das Doppelte weiterzugeben.

1. Ich lächle zwei fremde Menschen an: eine Frau im Hinterhof und eine Kassiererin. Männer lass ich erst mal außen vor, könnte zweideutig aufgefasst werden.

2. Ich mache zwei Komplimente: Die verliebte Oma aus dem Altersheim trägt jetzt immer ausreichend Parfüm und das lobe ich. (Warum machen das nicht alle Bewohner?) Und ich mache meinem Mann ein Kompliment für die heute angekommene, frisch gepresste und von ihm abgemischte Kurfürst-CD.
3. Ich verschenke zwei Blumensträuße: einen an meine hochschwangere Freundin Estephania, die ich zufällig in einem Laden treffe, und einen an meine Mutti.
   Da heißt es heute nicht: „Geteiltes Leid ist halbes Leid", sondern: „Verdoppelte Freude ist ganze Freude."

Gute Tat Nummer 58: Ich werde nie wieder im Publikum tanzen

Emmi und ich haben uns als Tanzgruppe eine Strategie überlegt, wie wir das Publikum von Kurfürst noch mehr animieren und somit der Band durch unsere Unterstützung eine gute Tat erweisen können. Wir kreieren einen Tanz, den wir zwischen den Fans tanzen wollen und der so einfach ist, dass wir annehmen, dass ihn am Schluss die ganze Halle tanzt, quasi als Ergebnis eines Dominoeffektes.

Irgendwie scheint unser leicht verständlicher und gut gemeinter Plan jedoch nicht ganz aufzugehen. Das ahne ich schon bei der angesetzten Probe, an der fünf von 400 Gästen teilnehmen, davon flüchten auch noch zwei. Ganz offensichtlich fehlgeschlagen ist unser Plan in dem Moment, wo wir als Tänzerinnen ignoriert werden. Und dann überrennen uns auch noch die Poker, tanzen wild um uns herum, rempeln uns an und schütteln uns ihre Haare ins Gesicht. Wenn ich nicht wüsste, dass ich es morgen bereuen würde, dann wäre meine Gute-Taten-Ära heute zu Ende. Mann, bin ich deprimiert.

Die 59. gute Tat: Um Verzeihung bitten

Okay, ich gebe also nicht auf, verstaue meine Tanzsachen, verarzte meine blauen Flecken und versuche es heute weiter mit den guten Taten.

Ich habe jemanden durch einen lustig gemeinten Kommentar verletzt, kommt mir zu Ohren. Ich seh meine Schuld aber null ein. Zero. Der hat einfach überreagiert, kann ich doch nichts dafür. Doch: Ja, richtig! Ich überwinde Stolz, Ignoranz und Lethargie und bitte um Verzeihung. Hab's nicht so gemeint.

Friede, Freude, gute Taten.

Die 60. gute Tat: Freundin gerettet

Montagnachmittag, 17 Uhr, Dienstschluss. In 30 Minuten treffe ich mich mit meiner Freundin Lotta vor der Sauna. Ich muss noch schnell die Akten wegräumen, aufs Klo gehen und den Blumen für die Frühlingsdeko Wasser geben. Noch 25 Minuten! Jacke, Stiefel, Schal, Tschüss sagen, Licht aus, Treppen runter. Noch 20 Minuten.

Mist, werde zu spät kommen. Muss jetzt noch zur Bank, denn den kleinen Betrag des Saunaeintritts kann man nicht mit Karte bezahlen, das weiß ich. Ich hetze also los und bin einfach nur mega im Stress und mega zu spät.

An der Saunakasse versucht meine Freundin Lotta erfolglos, mit der Karte zu zahlen. Spotlight auf mich. Großzügig hole ich mein Kleingeld heraus und sage: „Dann bezahl ich."

Hab also meine Freundin gerettet: vor einer Stunde auf der Straße singen und um Kleingeld betteln, vor einem kalten Abend fern der Schwitzgrotten oder mindestens vor einer Diskussion mit der Kassendame.

Die 62. gute Tat: Piraten und Kinderfreuden

Der 5-jährige Fritz kommt mit seinem 3-jährigen Bruder Willy zum Üben in unsere Praxis. Der Kleine muss draußen bleiben. Weil er so lieb wartet, bekommt er wie sein Bruder als Belohnung einen Piratenaufkleber!

Seine Reaktion – einfach unvergesslich: „Oh, oh, oh, Wahnsinn! Ein Piraaat! Hier, eine Pistole, peng, peng, bam, ohhhhh, und ein Schwert, und sogar, hier, siehst du, ein Ohrring, ssssst, peng, Mutti, ohhhh toll."

Kinder wissen einfach, wie man sich über gute Taten freut.

Es ist einfach wunderbar, Kinder zu beschenken! Ihre überschäumende Freude ist ganz unschuldig und ungetrübt von Schuldgefühlen, Zurückschenk-Zwängen oder von Misstrauen. Sie nehmen eine gute Tat entgegen, sagen hübsch Danke, wenn sie von ihrer Mutter oder der Logopädin gezwungen werden, und freuen sich. Punkt.

Sie sagen weder: „Das war doch unnötig!" Oder grübeln: „Wie teuer war das wohl?" Oder schlimmer: „Hab ich das verdient?" Oder noch schlimmer: „Wem kann ich das weiterverschenken?"

Kinder können sich herrlich freuen. Deshalb kann ich auch Großeltern verstehen, die in einen Kaufrausch für ihre Enkel geraten. Sie sind meist gut situiert, kennen sich in Internetshops aus und unterliegen regelmäßig ihren Enkelwünschen: zu Weihnachten, zu Geburtstagen, an Ostern, am Nikolaustag, am Kindertag. Aus Mütter-Kind-Kreisen schallt regelmäßig ein Wehklagen: „Wer soll die ganze Schokolade nur essen? Wir müssen sie essen! Wir werden immer dicker!"

TYP 3: DAS KIND

Es ist einfach wunderbar, Kinder zu beschenken! Ihre überschäumende Freude ist ganz unschuldig und ungetrübt von Schuldgefühlen, Zurückschenk-Zwängen oder von Misstrauen. Sie nehmen eine gute Tat einfach entgegen und freuen sich. Punkt. Sie sagen weder: „Das war doch unnötig!" Oder grübeln: „Wie teuer war das wohl?" Oder schlimmer: „Hab ich das verdient?" Oder noch schlimmer: „Wem kann ich das weiterverschenken?"

Generell haben es Erwachsene schwerer, sich unbekümmert zu freuen. Man erwartet, dass sie Höflichkeit gelernt haben, Freude angemessen ausdrücken können und Verantwortungsbewusstsein genug besitzen, um sich gebührend zu revanchieren. Wie schön ist es da, wenn man beruflich so viel mit Kindern zu tun hat wie ich.

Die 63. gute Tat: Blumen und ein langes Leben

Meine schon öfter im Blog vorgekommene 94-jährige Patientin wird heute 95. Ich habe ihr einen Blumenstrauß gekauft, der laut Floristin der Traum jeder Oma ab 95 ist: Nelken und Chrysanthemen. Meine Patientin gibt ihr recht, denn sie findet den Strauß wirklich schön. Gut, sie sieht allerdings nichts mehr.

In meiner Glückwunschkarte schreibe ich: „Ich wünsche Ihnen ein langes Leben." Unglaublich, wie witzig ich bin. ☺

Die 64. gute Tat: Pinkelschulden

Ich sehe es schon aus Prinzip nicht ein, für öffentliche Toiletten Geld zu bezahlen. Oder anders ausgedrückt: Warum sollte ich, wenn mich niemand zwingt?

Möchte dieses Denken heute ablegen. Ich gehe, obwohl ich gar nicht muss, in einem Einkaufszentrum zu den Toiletten und lege zwei Euro in die Schale der Toilettenfrau. Bin erleichtert, meine Pinkelschulden des letzten Jahres beglichen zu haben.

Die 66. gute Tat: Eigentlich einfach

Heute erkläre ich einer verzweifelten Omi im Toilettenwaschraum, wie man das Wasser zum Laufen bekommt. Man muss einfach seine Hände unter den Hahn halten und schon geht alles von allein. „Ja, ja, diese neumodischen Dinger“, sage ich und höre mich dabei an wie meine eigene Uroma.

Übrigens: So ähnlich ist das auch mit den guten Taten. Man muss die Hände hinhalten, die Augen öffnen und schon sieht man Gelegenheiten, die man vorher nicht wahrgenommen hat. Eigentlich einfach. Probier's aus!

März: Gelegenheit macht Laune

„Jeden Tag etwas Gutes tun, heißt alle Tage glücklich sein.“ Elizabeth Schuler

Die 68. gute Tat: Was Kinder wollen

Leichtsinnigerweise habe ich es heute strikt abgelehnt, für Kurfürst zur Post zu gehen. So kam ich am Nachmittag ganz schön ins Grübeln über die verbliebenen Möglichkeiten meiner heutigen guten Tat. Versuchte vergebens, mir eine gute Tat zu dem Wäscheberg zu überlegen, der zu Hause auf mich wartete. Bügeln bringt einem auf der Gute-Taten-Liste überhaupt keine Punkte. Werde dieses Thema in meinem nächsten Blog: „365 ungebügelte Wäschestücke – Schritte in die persönliche Freiheit“ aufgreifen.

Schließlich fiel es mir ein, als ich mein Therapiekind Peter zur Tür hereinkommen sah: Hausaufgaben frei! Und jetzt kommt's: Er hat sich freiwillig bereit erklärt, die Übungen aus der Stunde zu Hause zu wiederholen. Da soll mal einer die Kinder verstehen …

Kommentar Silke:

Hab mich fern der Heimat köstlich über deinen Blog amüsiert. Nach den 365 guten Taten ist das wirklich druckreif! Wenn es also mit der Tänzerinnenkarriere bei der demnächst in den Hitlisten spielenden Band Kurfürst nicht ganz so klappt, kannst du ja eine Karriere als Autorin anstreben ;-) Bin jedenfalls zu guten Taten inspiriert – das ist doch schon mal was, nicht wahr? Zählt eigentlich das Inspirieren anderer zu guten Taten selbst als gute Tat? Sozusagen als Gute-Taten-Dominoeffekt? Also, ich denke schon. Bin gespannt auf deine weiteren Vorlagen.

Gute Tat Nummer 70: Arbeitsteilung war gestern

So sieht gerechte Arbeitsteilung in einer modernen Ehe aus: Einmal pro Woche ist die Frau für Staubwischen, Badputzen und Spiegelpolieren zuständig, der Mann kümmert sich ums Staubsaugen, Müllwegbringen und Wischen.

So sieht die Arbeitsteilung in einer Gute-Taten-Ehe aus: Die Frau übernimmt alle Aufgaben, der Mann genießt.

Christoph und ich sind seit einem halben Jahr verheiratet. Ich liebe an ihm, dass er cool und selbstbewusst genug ist, um immer wieder mein Interesse zu wecken. Aber auch lieb genug, um mich auf ihn verlassen zu können. Ich liebe es, dass er immer so aussieht, als hätte er einen Dreitagebart, obwohl er frisch rasiert ist. Und ich liebe seine vollen, weichen Lippen. Seine dunklen Haare sind immer wirr gestylt und er hat Zähne, die sich wie Perlenschnüre aneinanderreihen.

Ich liebe es, dass er Schlagzeug spielt und Lieder am liebsten in der Kopfstimme singt. Manchmal sagt er genau das Richtige und leider auch manchmal genau das Falsche. Er ist ein begabter Handwerker, studiert aber Mediendesign. Er hasst Kosenamen und liebt es, in den Arm genommen zu werden. Ich kann ihn mir als erfolgreichen Geschäftsmann und auch als Vater unserer Kinder vorstellen. Er ist mein Traummann. Leider ist er nicht witzig. Dafür bin ich es.

Wir kennen uns, seit wir 14 sind und haben die Sturm-und-Drang-Phase unseres Lebens, mit einigen blauen Flecken zwar, aber immerhin zusammen überstanden. Wir haben miese Haarschnitte, zügellose Abschlussfahrten, verpatzte Fahrprüfungen und die Trennung seiner Eltern zusammen durchgestanden. Die CD-Produktion von Kurfürst und die Renovierung unserer ersten eigenen Wohnung gemeistert. Den viel zu spät erfolgten Heiratsantrag und die alle möglicherweise eintreffenden Zwischenfälle berücksichtigende Hochzeitsplanung zusammen erlebt. Wir haben gemeinsam gehofft, gebetet, geweint, gefeiert und gelacht. Wir hatten schöne Urlaube und lustige Urlaube. Wir hatten unser erstes Mal zusammen. Wir haben Freunde verloren und neue gefunden. Er hat mit Skatkarten nach mir geworfen und ich nach ihm mit einem Wirsing. Er ist mein bester Freund. Wenn das mal nicht Liebe ist. Wenn das mal kein Wunder ist.

Dass wir uns gefunden haben, war definitiv das Beste, was ihm je passiert ist. Schließlich bin ich ein echter Hauptgewinn: schön und klug zugleich. Er fing an, seinen Flaum-Oberlippen-Bart zu rasieren und sich die Unterhosen nicht mehr von seiner Mutti kaufen zu lassen. Er hörte auf, bei Wörtern wie „FahrradSTÄNDER“ oder „LATTE Macchiato“ albern zu kichern. Außerdem ist es nicht unwesentlich meiner Gegenwart zu verdanken, dass er sich zu einem selbstbewussten und gut aussehenden jungen Mann entwickelte.

Großzügigerweise muss ich zugeben: Auch ich wäre nie zu der Frau geworden, die ich heute bin, hätte er mich nicht meine ganze Pubertät hindurch bewundert und ermutigt. Ich hätte nie genug Mut gehabt, diesen Blog zu schreiben. Ganz davon abgesehen, dass ich mir nie die Internetseite dazu hätte einrichten können. Gott hat sich also etwas dabei gedacht, als er uns schuf und füreinander bestimmte. Das ist wohl damit gemeint, wenn die Leute sagen: Nichts auf der Welt passiert ohne Grund.

Die 71. gute Tat: Heute ganz politisch

War heute bei einer Demo. Gegen: …?

a) Rechts

b) pokende Jugendliche

c) Toilettengebühren

Wer das errät, gewinnt die Chance, mir eine gute Tat vorzuschlagen. Na?

Kommentar Jonathan:

a)!! Hier mein Vorschlag: Verwöhne doch deinen Mann am Dienstag mit einem leckeren Abendessen! Da kommt er nämlich geschafft und hungrig von der Bandprobe.

Gute Tat Nummer 72: Durch den Winterwald

Nach dem gefühlten 100. Wintereinbruch diesen Jahres bekomme ich gleich morgens die Schneeschippe in die Hand gedrückt.

„Pah!", sage ich und reiche die Schaufel weiter. „Schneeschieben ist doch was für Gute-Taten-Anfänger!"

Auf mich wartet eine ganz andere Mission! Ich überrasche meine Freundin Josi zum Geburtstag. Ihr Dorf liegt noch mal 200 Meter höher als meins. Doch meine Wege sind gesegnet: Ich komme heil an. Josi ist da. Außer mir stressen keine weiteren Überraschungsgäste. Sie freut sich riesig über meinen mitgebrachten Kuchen und hat das geschenkte Buch noch nicht gelesen.

Im Glauben lasse ich die Torte auch wirklich bei ihr und mache mich ohne jegliche Notverpflegung auf nach Hause durch den Winterwald.

Die 73. gute Tat: Post nach Ägypten

Heute macht sich ein Brief von mir auf die 2700 Kilometer lange Reise nach Ägypten zu meiner treuen Blogleserin und langjährigen Freundin Sue. Ich kann diese wichtige gute Tat nicht der Post überlassen. So schicke ich meine sowieso gestresste Mutti mit dem Flieger über das Mittelmeer, um den Brief persönlich abzugeben.

Gute Tat Nummer 74: Chai-Latte und Poleposition

Gehe in meiner Mittagspause kurz (das dachten anscheinend noch 100 andere) in den Supermarkt. Ich muss meinen Vorrat an

Chai-Latte auffüllen. Dreißig Sekunden lang warte ich an einer der zwei Kassenschlangen ganz hinten.

Doch dann erkämpfe ich mir siegessicher und ohne Rücksicht auf Verluste die Poleposition der gerade neu eröffneten Kasse. Der Gute-Taten-Engel auf meiner Schulter führt meinen Blick nach hinten: Dort stehen nun – aus Gründen mangelnder körperlicher Fitness – die zurückgebliebenen Käufer. Okay, okay, ich lasse mich also freundlich zurückfallen und bekomme dafür ein schroffes: „Ich warte nämlich schon eine Viertelstunde!", anstatt eines hingerissenen: „Danke! Sie sind wunderschön". Ich meditiere über den Geschmack eines Chai-Latte und bleibe gelassen.

Noch mal ernsthaft: Habe gestern jemanden sagen hören, „Leben" sei das bewusste Wahrnehmen und aktive Verändern der Umwelt. Ich stimme ihm zu. Fühle mich so lebendig wie nie zuvor!

Noch ernsthafter: Ich hatte also erstens mein Fehlverhalten an der Kasse bewusst wahrgenommen und zweitens mein Benehmen aktiv verändert, um den anderen Kunden eine Freude zu machen. Nun befand ich mich laut Definition mitten im Leben. Mitten im Arbeitsleben, das einem nur eine Mini-Mittagspause erlaubt. Mitten im Topf der gestressten und ungeduldigen Menschen. Mitten im nervigen Gepiepse der Kassen. Aber: Es fühlte sich gut an. Ja, ich hatte sogar richtig Spaß dabei. Ich war endlich nicht mehr in dieser Ego-Blase, sondern mitten im Leben und das mit Absicht. Das Leben lief nicht mehr einfach an mir vorbei. Nein, ich nahm Einfluss und bewirkte etwas.

Nicht mal der ausbleibende Dank konnte mich heute runterziehen. Ich verzichtete sogar darauf, aus Rache in Gedanken einen neuen Empfänger-Typ zu kreieren: „Das Kassenmonster". Dass ich mich lebendig wie nie zuvor fühlte, war vorerst Gewinn genug.

Die 75. gute Tat:
Ich mach, was ich soll

Ich bin froh, dass ich nun endlich mal meine allabendlichen Kochkünste als gute Tat geltend machen kann. Danke, Jonathan!

Tat Nummer 77:
Bin auf einer hellgrünen Welle

Ich steige die Treppen zu meinem Hausbesuchspatienten nach oben. Dabei stolpere ich über zusammengeknüllte Prospekte, die mir schon seit Dienstag ein Krümel im Auge waren. In dem Haus wohnen rund 20 Personen, die im Durchschnitt zweimal am Tag das Haus verlassen. Laut Adam Riese (wie meine geschätzte Mathelehrerin jetzt sagen würde) ergaben sich seit vorgestern 80 Gelegenheiten, den Müll aufzuheben und wegzuwerfen. Anscheinend braucht die Welt wirklich engagierte gute Täter wie mich, die das Papier in die gelbe Tonne werfen. (Ups, falsche Tonne! Sorry, war in Zeitnot. Werde demnächst einen Kurs zum Thema Mülltrennung besuchen.)

Die 78. gute Tat: „Du bist schön“

Ich bin bei meiner Freundin Patrischa und mein Bauch ist gefüllt wie ein Wasserballon. Muss jetzt aber wirklich dringend auf Toilette. Puh, welch eine Erleichterung. Wo ich gerade im Bad bin, schreibe ich „Du bist schön!“ auf einen Post-it und klebe ihn an ihren Spiegel. Bin der Meinung, viel mehr Frauen sollten diesen Satz öfter hören (mich eingeschlossen).

Die Internetseite www.operationbeautiful.com hat mich zu dieser Tat inspiriert. Dort wird dazu aufgerufen, an öffentlichen Plätzen Post-it's mit der Nachricht „You are beautiful“ zu hinterlassen. Das soll Menschen ermutigen, sich so anzunehmen, wie sie sind. Eine tolle Idee!

Meiner Meinung nach müsste jeder Leser meines Buches zum Kauf eine winzig kleine „Gute-Taten-Ausrüstung“ erhalten. Diese müsste mindestens die Post-it's und einen Edding enthalten. Und vielleicht auch noch eine Bodylotion, Toilettengeld, ein Stück Marzipantorte, eine kleine Schneeschaufel, eine Topfpflanze, Dankeskarten, einen Salbeibonbon, einen Piratenaufkleber, ...

Tja, man muss seine Siebensachen schon zusammenhalten, wenn man Großes erreichen will.

Gute Tat Nummer 79: Der Klassiker

Hilfsdienste für ältere Menschen sind der Klassiker der guten Taten! Heute holen wir die Großeltern meines Mannes zu einer Familienfeier ab. Leider lässt Opa es sich nicht nehmen, uns für die Strecke (immerhin zwei Kilometer hin und zurück) zehn Euro zuzustecken. Damit ihr nicht denkt, ich lasse mich für meine guten Taten bezahlen, lege ich das Geld gewinnbringend in eine neue gute Tat an, als wir am Abend mit Freunden Cocktails trinken gehen.

Die 80. gute Tat: Sexy Maler

Wir verbringen heute den ganzen Sonntag bei Estephania und Robby, um ihnen beim Streichen ihrer Wohnung zu helfen. Wir schaffen gemeinsam drei Zimmer! Ich mische nie da gewesene Farben an, maule nicht beim Abkleben komplizierter Streifenvariationen und überprüfe sorgsam die Arbeiten der Männer. Estephania schreibt am Abend: „Bin immer noch ganz hin und weg. Tausend Dank! Ihr seid die besten und natürlich sexiesten Maler ever!"

Gute Tat Nummer 81: „Du bist schön" – Klappe die Zweite

Heute schiebe ich einen Post-it mit der Nachricht „Du bist schön" in einen Umkleideschrank im Saunabereich. Frage mich später beim Anblick der nackten Frauen, wen meine Nachricht wohl erreicht. Beim genaueren Hinsehen fällt mir auf, dass die Botschaft in gewisser Weise auf jede Frau zutrifft.

Als ich abends die Sauna verlasse, habe ich zum 81. Mal in diesem Jahr das erhebende Gefühl: Auch dieser Tag war nicht umsonst.

Kommentar Phil:

Du guckst in der Sauna genauer hin?

Gute Tat Nummer 82: Fastenzeit

Fastendauer bisher: vier Wochen

Fasten von Alkohol und Süßem ab 18 Uhr

Seelisches Befinden seither: schlechte Laune ab 18 Uhr

Körperliches Befinden seither: 1,5 kg ZUgenommen

Gute Tat: Verteile wehmütig eine Tüte Schokobonbons an die Patienten im Wartezimmer – Versuchung für heut Abend gebannt.

Die 83. gute Tat: FRÜHLING!

Meine Patientin Andrea ist eine selbst ernannte Wetterexpertin. Jeden Mittwoch bekomme ich von ihr ganz exklusive und zu hundert Prozent reliable Wetterprognosen (in Anlehnung an Herrn Häckl von RTL). Heute hat sie mit dem eintreffenden Frühling endlich mal recht! Bringe ihr deshalb eine selbst gestaltete, etwas eigenwillige Tulpen-Eierschalen-Dekoration mit. Auf das Ei schreibe ich: FRÜHLING!

Übrigens: Meine Patientin von guter Tat Nummer 55 hat heute ihre Fahrprüfung beim siebten Versuch bestanden! Vielleicht willst du morgen auch einmal jemanden ermutigen, über sich hinauszuwachsen?

Die 84. gute Tat: Einen Abend retten

Normalerweise sind Teamsitzungen am Abend nicht gerade beglückend. Doch heute soll alles anders werden. Nach meinem Dienstschluss um 17.30 Uhr bleibt mir noch eine reichliche Stunde bis zum Beginn unserer Teamsitzung.

Als heutige gute Tat koche ich für meine zwei Kolleginnen.

Wir quatschen ausgelassen über anale Temperaturbestimmung und das Tao des Mannes. Wir lachen viel.

Ich sitze bis 21.30 Uhr in der Teambesprechung.

Ich schaue eine halbe Stunde Fernsehen.

Ich hänge die Wäsche auf.

Ich gehe ins Bett.

Zum Glück mach ich das mit den guten Taten! Sonst wär der Abend 'ne echte Pleite geworden. Und ich hätte nie was vom Tao des Mannes gehört …

Missglückte Taten: Gut gemeint und voll daneben!

Sitze wartend beim Friseur. Biete einem versehentlich falsch bestellten Männerhaarschnitt den Vortritt an. Ich wäre bereit, auch noch eine halbe Stunde in der ELLE zu blättern – doch er lehnt ab.

Josi und ich schenken unserer hochschwangeren Freundin Estephania ein Massageöl für Schwangere. Wir wollen damit ihren Babybauch einreiben – doch sie lehnt ab.

Das war nicht gerade der erfolgreichste Tag für mich. Ich hatte es gut gemeint. Doch ich musste mich streng an meinen Merksatz erinnern: „Eine gute Tat ist eine Tat, über die sich der Beschenkte freut." So konnte ich mir an diesem Tag keine weitere Kerbe in den Pfosten ritzen. Na toll, ich musste ja nur noch 281 gute Taten tun. Nur kein Stress!

In einem kurzen Anfall von Paranoia und Selbstmitleid rief ich bei meiner Mutter an, um das spontane Ende meines Experiments bekannt zu geben. Da erzählte sie mir, dass sie einmal einer sehbehinderten Frau in der Bahnhofshalle beim Treppensteigen ihre Hilfe angeboten habe und auch abgewiesen worden sei. Die scheinbar hilflose Frau befand sich mitten in einem Training, um den Alltag selbstständig meistern zu können. Und da war die angebotene Hilfestellung kontraproduktiv. Dass man mit den gut gemeinten Taten nicht immer richtig liegen kann, ist eigentlich logisch. Aber scheinbar musste ich es noch mal hören. Danke, Mama! Dein Besuch des Seminares „Hier geht's richtig zu(m) Faden!" zeigt erste positive Auswirkungen. Dass nicht mal ich, als erfahrener Gutmensch, immer richtig lag, zeigt einmal mehr: Gutes zu wollen und Gutes zu tun sind zwei Paar Schuhe.

Kommentar Til:

Richtig! Mein Schwiegervater in spe holte mich heute netterweise von meiner neuen Arbeit ab. Doch er drückte seine Nase von außen an der Glasfront unserer Firma platt, schritt dann mit hinter dem Rücken verschränkten Armen durch unser Großraumbüro und schüttelte als Krönung meinem Chef die Hand! Das kann NICHT als gute Tat gewertet werden. Voll peinlich ey!

Die 87. gute Tat: Der Unterschied

Wird heute ein guter oder schlechter Tag? Ich habe die Wahl!

Ich kann mich samstagmorgens vom nervigen Handypiepsen wecken lassen, um unseren Freunden beim Umzug zu helfen. Ich schleppe Kisten, die doppelt so schwer sind wie ich und bekomme eine Blase am Fuß. Verzweifelt versuche ich, ein Gesprächsthema mit den anderen – allesamt Elektrotechnik studierenden – Helfern zu finden. Und zu allem Übel sehe ich in meinen Umzugsklamotten hässlich und fett aus.

ODER: Ich springe motiviert aus dem Bett, um unseren Freunden beim Umzug zu helfen. Dabei entdecke ich die meditative Kraft des Kehrens und fühle mich inspiriert, selber mal wieder umzuziehen. Ich lerne neue Leute kennen und sehe in meinen Jogginghosen wie eine fleischgewordene Olympiasiegerin aus. Ich freu mich einfach, helfen zu können. Das macht den Unterschied.

Anstatt beim dritten Umzug unserer Freunde Stella und Martin (Gitarrist Kurfürst) zu helfen, hätte ich noch vor 87 Tagen lieber:

- eine Realitysoap über Umzüge im Fernsehen geschaut,
- wäre ein bezahlter Umzugswagenfahrer gewesen,
- oder wäre sogar noch lieber selbst umgezogen.

Doch heute starte ich frisch, fröhlich und frei in den Tag. Es ist mir schnuppe, wie ich in meinen Umzugsklamotten aussehe oder welchen Eindruck ich mit meinen Spaghetti-Armen bei Stellas und Martins Freunden erwecke. Über solche Äußerlichkeiten stehe ich drüber. Ich habe eine höhere Aufgabe. Ich bin zum Helfen da. Ich werde gebraucht.

Einer von Martins Freunden drückt mir beim Anblick meiner geballten Umzugspower aber leider nur einen Besen in die Hand. Dann schickt er mich zum Saubermachen. Als er das nächste Mal – drei Umzugskisten auf seinem Zeigefinger balancierend – zur Tür hinausgeht, nickt er mir lässig zu und ruft: „Na, du willst mich wohl heut be*kehren*, oder was?“ Wahnsinnswitz! Um nicht künstlich lachen zu müssen, täusche ich einen Hustenanfall vor. Der fällt ziemlich lang und heftig aus, da der Typ eine halbe Ewigkeit dasteht und auf eine Reaktion wartet.

Ich entscheide mich, trotz miesem Witzniveau und mieser Arbeit weiter mit anzupacken. Ich entscheide mich jedoch nicht, mich gut zu fühlen. Das kommt ganz automatisch. Es ist ähnlich wie mit dem Chai Latte und der Kassenschlange. Oder mit dem nicht enden wollenden Arbeitstag und dem Abendessen mit meinen Kolleginnen. Ich habe gute Laune. Ich habe gute Taten. Ich habe eine neue Erkenntnis: Gelegenheit macht Laune.

Der 89. Versuch: Große Ziele – kleine Taten

Wache erschöpft aus einem Weltuntergangs-Traum auf. Augenblicke später merke ich: Alles war nur ein Traum! Gott sei Dank! Fühle mich erleichtert, ja sogar leicht euphorisch. Ich beschließe, dem quasi neu gewonnenen Leben durch eine außergewöhnlich gute Tat Sinn zu verleihen.

Gehe wieder mal nur für „Kurfürst“ zur Post.

Kommentar Trixi:

Ach, Theresa, ein Königreich für deine Leichtigkeit, durch diese Welt zu gehen. Macht mir Mut und Freude! Danke!

Die 90. gute Tat: Humor hilft

Nach der Pleite von gestern möchte ich mich heute extra ins Zeug legen. Ich spende einen kleineren Geldbetrag an die Stiftung „Humor hilft heilen“ von Dr. Eckart von Hirschhausen.

Davon inspiriert, verliere ich auch nicht meinen Humor, als mich unser Vermieter heute anruft. Er bietet uns eine neue Wohnung an. „Mir ist ja nicht entgangen, dass Sie schwanger sind“, meint er zwinkernd. Muss entgegnen: „Kein Baby, einfach fett.“ Humor hilft!

Die 95. gute Tat: Leichenschätze

Heute helfe ich meinen Eltern beim Entrümpeln der Abstellkammer. Gemeinsam kaufen wir ein neues Regal, streichen die Wände, putzen und sortieren aus. Am Ende bleibt neben einer nur mäßig geschrumpften Zahl an Imprägniersprays und der unverändert sinnlosen Überfülle an Übertöpfen noch diese eine Jacke meines Vaters. Ich darf sie wegschmeißen, soll aber vorher den Inhalt der Taschen auf Wertgegenstände untersuchen. Einige Sekunden später halte ich tatsächlich einige Münzen in der Hand. Ich kann weder Währung noch Wert erkennen. Sie sehen steinalt und mega-vermost aus. Auf meine Frage, wo mein Vati die Münzen herhabe, antwortet dieser: „Ach, die hab ich mal beim Grabschachten bei ’ner Leiche gefunden.“

Iiiiiiiiiiiiiiiiiiiiiiiiiiiiiiiiiiiiiiiiiii!

Die 96. gute Tat: Ich pflanze einen Baum

Heute pflanze ich einen Baum. Eine Magnolie, mein Lieblingsbaum.

So, jetzt muss ich nur noch ein Haus bauen und ein Kind zeugen. Ob dafür die verbliebenen 272 Tage reichen werden?

Die 97. gute Tat: Ratlos

Eine meiner Freundinnen hatte vergangene Woche eine Fehlgeburt. Schon das zweite Mal in Folge. In solchen Situationen weiß ich nie, was ich sagen oder tun soll. Sie in Ruhe lassen oder besuchen? Sie mit Witzen aufheitern oder mit Mitleidsbekundungen ihre Trauer vergrößern? Schweigen, umarmen, verantwortliche Umstände analysieren …?

Ich stelle einen Blumenstrauß vor ihre Tür und eine Karte. Ich schreibe: „… und so kannst du sicher sein, dass der Frühling kommt, egal, wie lang und hart der Winter war."

Keine Ahnung, ob das hilft.

Die 99. gute Tat: Was Männer brauchen

Mein Mann arbeitet derzeit an einem schwierigen und anspruchsvollen Projekt. Was er jetzt braucht, ist ein gutes Essen, eine entspannende Kopfmassage und einen Vortrag über ausreichende Wasserzufuhr. Ich gebe ihm all das.

Morgen ist meine 100. gute Tat. Ich werde versuchen, etwas ganz Krasses zu machen. Vielleicht beklebe ich mein Fahrrad mit „Ich-bin-schön“-, ähh, „Du-bist-schön“-Zetteln, als mobile gute Tat sozusagen. Naja, irgendwas wird mir schon einfallen.

April: Geizhals war gestern

„Eine gute Tat ist immer ein Vermögen wert.“

Die grandiose einhundertste Tat und was ich bisher gelernt habe

Als ich heute Morgen aufwache, ist mir überhaupt nicht nach guter Tat zumute. Ich bin übel gelaunt. Doch im Laufe des Tages steigert sich nicht nur meine Laune, sondern auch die von etwa 300 Personen: So viele haben mich mit roter Clownsnase durch die Stadt radeln sehen. Manche schmunzeln amüsiert, andere trauen ihren Augen kaum, einige lachen herzhaft und laut. Es ist skurril. Und lustig. Das sehe ich in allen Gesichtern. Auch meinen Patienten und meinem Chef trete ich so gegenüber. Ich kann mir außerdem nicht verkneifen, meiner schon oft erwähnten 95-jährigen Patientin die rote Nase aufzusetzen und gemeinsam Fotos zu machen.

Was habe ich bei den vergangenen 100 guten Taten gelernt?

1. Man muss nicht die ganze Welt auf einmal retten.
2. Die Bereitschaft zu guten Taten verändert die Wahrnehmung der Möglichkeiten.

3. Übe nie Telefonate mit 95-jährigen (tauben) Patienten. Und wenn doch, verwähl dich nicht.
4. Gute Taten machen gute Laune.
5. Ich bin schön! Du bist schön! Sind wir nicht alle schön?
6. Auch alte Menschen können sich verlieben und denken ans „Bette“ …
7. Geteiltes Leid ist halbes Leid und verdoppelte Freude ist ganze Freude!
8. Eine gute Tat ist immer einen Versuch wert.
9. Kinder wissen am besten, wie man sich über eine gute Tat freut.
10. Gutes zu wollen und Gutes zu tun, sind zwei Paar Schuhe.

Gute Tat Nummer 101: Pasta del giovedo santo

Heute koche ich für meine Familie das traditionelle Karfreitagsessen: Pasta del giovedo santo. Die Soße erinnert an das Blut Jesu und das Brot an seinen Leib.

Ich weiß nicht, wofür der Käse stehen soll, den einige (der Völlerei ergebene) Familienmitglieder zur unnützen Ergänzung des Mahls verwenden.

Die 103. gute Tat: Was hat Ostern mit dem Hasen zu tun?

Zeitpunkt: 0:30 Uhr. Ich schleiche durch die finstere Nacht zum Hasenstall.

Meine Mission: einen Schoko-Osterhasen für meinen Vati im Stroh deponieren. Ich will herausfinden, inwieweit sich die Spezies Hase als realistischer Überbringer von Geschenken eignet.

Am nächsten Morgen: Mein Vati verspricht, die Schokolade trotzdem zu essen – obwohl der Hase dran geknabbert hat und dem Schokohasen ein richtiges Fell gewachsen ist.

Resümee: Muss meine guten Taten demnächst besser durchdenken.

Die 104. gute Tat: Endlich ist Til dran!

Mein bester Freund Til ist mittelmäßig verärgert, dass ich in den vergangenen 103 Taten noch nie an ihn gedacht habe. Unsere beiden Familien machen heute gemeinsam einen Osterspaziergang mit geschätzten 1000 Gelegenheiten für gute Taten; ich:

- fege den Laubboden vor ihm.
- lache über seine Witze (würd ich ohnehin).
- teile den Kuchen zuerst an ihn aus.
- helfe ihm über ein Schlammloch und verteidige seine Position im Gespräch.
- Außerdem, und jetzt kommt's, schenke ich ihm eine Knackwurst – vom Schaf.

Für die letzten 100 Taten (inklusive der Delikatessen-Schafs-Knackwurst) habe ich rund 300 Euro ausgegeben. Stelle bisher frustriert fest, dass dieser finanzielle Mehraufwand keinerlei Geldsegen für mein eigenes Konto herbeigeführt hat. Doch heute ist das Ende des Jammertals gekommen: Ich finde einen Euro auf einem Fährschiff.

Es ist immer ein Fest, sich mit Til zu treffen. Er macht eine linkische Verbeugung vor seinem Cousin, meinem Mann, und gibt mir drei Küsschen auf die Wange. Dann betritt er seine imaginäre, ihn immer umgebende Bühne mit den Worten: „Ich hab die Hammer-Story für euch!" Es folgen unterhaltsame Geschichten: wie er seine Bewerbung aus Versehen von seiner uralten E-Mail-Adresse frechdachs.til@gmx.de versendet. Oder wie er beim Friseur laut ausposaunt, dass er bei seinem Praktikum stundenlang unbemerkt im Internet surfen könne, und plötzlich schaut die Frau seines Chefs unter der benachbarten Trockenhaube hervor. Oder er berichtet betrübt von seiner letzten Demutslektion, als er Baileys-Eis bestellte und ihn die Bedienung fragte, ob er schon 16 sei. Köstlich!

Ich habe Christoph und ihn im selben Urlaub kennengelernt. Til grämt sich noch heute, dass er damals nicht die Technik des Furze-Reindrückens beherrschte. Denn seiner Meinung nach habe ich mich nur deswegen für seinen Cousin und nicht für ihn entschieden.

Die 105. gute Tat: Packesel

War die letzten drei Tage in einem Mini-Abenteuer-Fahrrad-Urlaub. Während ich an der Elbe entlangradelte, dachte ich in keiner Sekunde an die guten Taten. Ich habe weder überdimensionierte Trinkgelder gegeben, noch jedem Radler auf der Strecke kostenlos die Reifen aufgepumpt. Ja, ich geb's ehrlich zu: Ich habe sogar das Toilettengeld „eingespart". Meine neuesten Erkenntnisse:

1. Jeder braucht auch mal 'ne Pause von dem vielen Guten.
2. Keiner ist automatisch gut. Man muss es sich vornehmen.

Ach so ja, eine gute Tat kann ich dennoch verbuchen: habe die ganze Zeit unser Gepäck auf MEINEM Fahrrad transportiert. Christoph konnte an seinem coolen Bike kein Schutzblech ertragen, welches zur Befestigung der Fahrradtaschen notwendig gewesen wäre!

Die 107. gute Tat: Sinfonie des Lobes

Meinem Schwiegervater wurden schon einige Möglichkeiten zur ehrenamtlichen Mitarbeit in der Gemeinde angeboten. Doch keine passte bisher. In der Flaggentanzgruppe kam er nicht gegen die raumfordernde Übermacht des Flaggenobermeisters an. Und in die Seminargruppe „Männer 50plus – Leben mit Handicaps" fühlt er sich nun wirklich nicht berufen.

Schließlich wurde er gebeten, den Bläserchor als Paukenspieler zu begleiten. Heute hat er nun seinen ersten Auftritt. Ich bete, dass er seine Brille nicht vergessen hat. Außerdem nehme ich mir vor, ihm das zu geben, was alle Musiker der Welt am meisten brauchen: Lob. Leider komme ich zehn Minuten zu spät und verpasse seinen Einsatz. Meine gute Tat scheint verloren. Doch dann kommt mir die rettende Idee! Am Ende des Gottesdienstes befrage ich fünf Personen nach ihrer Meinung zum Paukenspiel. Später gebe ich ihm das geballte Lob weiter: eine Sinfonie des Lobes.

Die 108. gute Tat: Schön, schön, schön

„So, Marcel, du kannst reinkommen!", flöte ich betont fröhlich. „Heute wollen wir das tolle SSSCCCHHHHneckenspiel spielen." (Wir üben gerade den SCH-Laut.)

„Ach nö ...", quengelt daraufhin Marcel. „Ich möchte lieber Mumie spielen!" So auf die Schnelle kommt mir keine sinnvollere Idee, als mit dem Kind das Lied: „SCHlaf, Mumie, SCHlaf" zu üben. Aus moralischen Gründen verwerfe ich den Gedanken aber wieder und bleibe streng an meiner Vorbereitung. Plötzlich bekommt Marcel einen gespielt schlimmen Hustenanfall, natürlich ohne sich die Hand vor den Mund zu halten. Er rutscht vom Stuhl, holt sich meine Trommel und läuft laut johlend durchs Zimmer. Vor meinem Spiegel bleibt er stehen, probiert verschiedene Mumiengrimassen aus und greift sich danach selbst im Spiegel an.

Das ist der Moment, in dem ich meine Kollegin anrufe: „Möchtest du einen meiner Patienten übernehmen?" – „Ja, das ist aber schön!", freut sich meine Kollegin, die den Fall kennt und mutig angehen will. Ich wette, nächste Woche höre ich sie das Mumienlied singen, aber egal. „Schön!", antworte ich. Und zum Kind gewandt sage ich: „Die Tante ist ganz traurig. Die Schnecken auch. Nächste Woche kannst du nicht mehr mit mir spielen."

„Schön!", grunzt mich der 4-jährige Möchtegern-Zombie an.

Ach ja, die Logopädie. Nach dem Abitur wählte ich aus meinen unzähligen Talenten wahllos eines aus: Ich kann sprechen. So begann ich eine dreijährige Ausbildung zur Logopädin. Vieles gefällt mir an dem Beruf. Zum Beispiel begegne ich verschiedenen Menschen: Kindern, alten Menschen, uralten Menschen und Mumien. Über den niedlichen Verdienst habe ich mich geistig schon längst erhoben. Schließlich steht neben den drei Groschen ja auch noch einiges auf der Haben-Seite: Respekt, Sinnerfüllung und verliebte Kinder oder Väter.

Mein Lieblings-Störungsbild ist die Stimmstörung. Bei der Therapie von operierten oder geschwächten Stimmen ist zum einen Entspannung ganz wichtig, an welcher der Therapeut natürlich gern selbst teilnimmt. Zum anderen hüpft man ständig auf einem Pezziball herum und arbeitet mit erheiternden Übungen wie der Lasso-Übung oder dem Gähnen – alles unter dem Deckmantel der medizinischen Notwendigkeit.

Die Therapie kindlicher Aussprachestörungen ist auch nett, aber nicht so witzig. Obwohl, einmal übte ich mit einem Kind das „K" am Ende eines Wortes. Als Stundenthema wählte ich „Sack". Das kleine Mädchen malte ein Arbeitsblatt aus und wir redeten dabei darüber, was der Weihnachtsmann alles „im Sack" hat. Dem Vater erklärte ich nach der Stunde Folgendes: „Wenn ihr Kind sagt: ‚Papa, du hast aber einen großen Satt!', dann berichtigen Sie es bitte so: ‚Richtig, ich habe einen großen Sack!'" Irgendwie schaute er mich danach ganz komisch an. Mein Chef kugelte sich vor Lachen, als ich ihm davon erzählte. Deswegen mag ich ihn.

Die 109. gute Tat: Gnadenminuten

Meine liebe 95-jährige Patientin ist gestorben. Wisst ihr noch, die 100. gute Tat? Mit der roten Clownsnase? Sie hat sie auch aufprobiert. Wir haben gelacht und Fotos gemacht. Da habe ich sie zum letzten Mal gesehen. So werde ich sie immer in Erinnerung behalten.

Im Bewusstsein, dass der Tod unausweichlich ist, habe ich heute die Oma meines Mannes, Oma Erika, angerufen. Sie ist öfter allein und telefoniert ausgesprochen gern. Ich nehme mir fest vor, das Gespräch nicht wie sonst nach zehn Gnadenminuten zu beenden, weil ich furchtbar wichtige, dringende Dinge zu erledigen habe. So dauert meine gute Tat heute 81 (!) Minuten.

Gute Tat Nummer 110: Wachs in der Hand des Mannes

Belege seit sechs Wochen einen Salsatanzkurs mit Chris. Im Verlauf der letzten Tanzstunden stellte sich mein stetig steigender weiblicher Führungswille klar heraus. Ich muss mich ändern! Heute lächle ich einfach seelig und bringe statt Kritik nur zaghaft formulierte Vorschläge. Ich bin einfach Wachs in der Hand des Mannes.

Seine Reaktionen sind am Anfang, weil so ungewohnt, ziemlich heftig: „Bitte sei doch wieder normal!“ – „Mit so einem Waschlappen kann ich nicht tanzen!“ Oder: „Wenn du nicht gleich ordentlich mitmachst, geh ich!“ Und zum Schluss: „Willst du etwa wieder eine gute Tat tun?“

Am Ende gefällt es ihm aber doch. Wir hatten Spaß und jetzt möchte er eine Sektflasche mit mir köpfen. Das hat sich doch mal gelohnt!

Die 111. gute Tat: Ein Lied dichten – oder lieber nicht?

Ein neuer Mensch ist geboren! Meine Freundin Estephania hat ihren Lasse auf die Welt gebracht. Mit vollem Namen heißt er: Lasse Loos. Manche Eltern haben echt Humor! Ich möchte ein Lied für meinen neuen Freund dichten. Bin mit folgenden Liedzeilen aber nicht hundertprozentig zufrieden:

„Er hat den Monsterbody mit dem Monsterblick und sein Monster boom boom gibt mir den Kick. Er ist ein Monstaaaaar, Monstaaaar!"

Probiere es weiter, doch es wird nicht besser:

„Lebt denn der junge Lasse schon, Lasse schon, Lasse schon. Jaaaaaaaaaa, er lebt schon, er lebt schon, er lebt schon …"

Beende meine Songwriterkarriere vorzeitig und schenke ein Fotoalbum und ein Wärmekissen. Zudem bekommt er schon mal vorsichtshalber Gutscheine, dass er dreimal nicht über meine schlechten Witze lachen muss.

Die 113. gute Tat: Alle vollzählig?

Ich schlinge den letzten Bissen des Geburtstagsmahls von Oma Erika herunter. Denn ich habe meiner kleinen Schwägerin versprochen, sie pünktlich zum Abfahrtsort ihrer Abschlussklassenfahrt zu bringen. Ich verpasse dadurch zwei weitere Teller kulinarischer Köstlichkeiten.

Tapfer denke ich an den sicheren Lohn meiner guten Tat. Und tatsächlich: Durch eine unvorhersehbare Straßensperrung müssen wir einen mega Umweg fahren. Mit einer Verspätung von 15 Minuten kommen wir endlich an. Dreißig erleichterte und freudig-johlende 16-Jährige begrüßen uns stürmisch. Ich steige aus dem Auto und winke stolz: Ja, das ist eine gebührende Würdigung meiner Tat!

Die 114. gute Tat: Jemandem eine Stimme geben

„Ich … ich …. ka… fa… nee … nee … wam… ba… nee … nee …“, stammelt meine neue Patientin Frau Roth mühsam. Sie weint. Ich halte ihre Hand.

Heute, drei Wochen später, klingt es schon etwas besser: „Mein … meine … hat … anrufen … bitte!“ Durch geduldiges Fragen bekomme ich nach 10 Minuten heraus, dass sie ihrem Enkel zum Geburtstag gratulieren will. Ich leite alles Nötige in die Wege. Freue mich, etwas Sinnvolles in meiner Arbeitszeit getan zu haben, und sei es nur mitzuhelfen, einer Omi in einem Pflegeheim eine Stimme zu geben.

Die 115. Tat: Spende für Holocaustüberlebende

Ich lasse jemanden an der Kasse vor, übernehme Telefonate für meine Kollegin, ermutige meine Freundin und lasse meine Praktikantin eher gehen. Diese Dinge sind mir schon so sehr zur Routine geworden, dass ich sie gar nicht mehr als gute Tat betrachte. Merke: Gute Taten verändern dich.

Am Ende des Tages spende ich dann für Holocaustüberlebende in Israel. Merke: Gute Taten verändern deinen Kontostand.

Am Anfang des Jahres hatte ich mir vorgenommen, dass sich die guten Taten aus meinem Alltag heraus ergeben sollen. Ständig Geld zu spenden, ohne Anlass Geschenke zu machen oder immer „ja" zu sagen, wenn ich um etwas gebeten wurde, war nicht gerade mein Alltag.

Trotzdem: All das war mir auch möglich! Bisher war es so, als hätte ich den Baum voller Kirschen und würde sie nur allein essen und die Hälfte vergammeln lassen. Es war, als hätte ich einen guten Witz gehört und würde ihn niemandem weitererzählen.

Erst in diesem Jahr gab ich mehr als sonst und wurde überrascht: Es tat nicht weh. Ganz im Gegenteil, die Leute ließen sich von mir durch die Gegend fahren, aßen meine Geschenke, lachten mit mir, lasen meinen Blog. Und ich? Ich freute mich, dass sie mich brauchten und meine Gegenwart genossen. Ich freute mich einfach, weil sie sich freuten. Bislang hatte ich wohl unbewusst nach folgender Maxime gelebt: „Gutes Haushalten macht sich bezahlt". Ich würde mein Lebensmotto ändern müssen in: „Jede gute Tat macht sich bezahlt." Ich fing an nachzudenken.

Die 116. gute Tat: Lob im Voraus

Heute steht meine kleine Nasen-OP an. Ich sitze im Wartezimmer. Meine winzigen Nasenlöcher wurden bereits mit drei Tamponaden pro Seite ausgestopft. Die Betäubung breitet sich über Rachen und Mundraum aus. Der Patient neben mir scheint vergeblich nach Luft zu ziehen. Was hat der Doktor nur mit ihm gemacht? Der Patient gegenüber rülpst die ganze Zeit. Ob das eine häufige Nebenwirkung ist? Der dritte Patient ist schon seit 30 Minuten im Behandlungszimmer verschwunden. Ich kann aus dieser verzwickten Situation nur mit einer guten Tat herauskommen, das ist klar.

Als ich dann endlich an der Reihe bin, sage ich zum Arzt mit gespielt ruhiger Stimme: „Ich glaube, Sie werden heute ganz vorsichtig sein und Ihre Sache gut machen."

„Ich versteh schon", lächelt der Arzt. „Es wird gar nicht wehtun."

Pah!

Die 119. gute Tat: Vorgezogener Muttertag

Im Jahr der guten Taten kann nicht nur einmal Muttertag sein. Also schenke ich meiner Mutti heute schon Blumen. Aber nicht nur Blumen, sondern gleich eine ganze, eigenhändig restaurierte Blumenleiter dazu, inklusive drei von mir in den Lack eingearbeiteter Fliegen.

Die 120. gute Tat: Heute Toilettenfrau

Hab mich noch nie dermaßen über eine dreckige Toilette gefreut – und das kam so:

Nach einem mega stressigen Arbeitsmontag fällt mir auf dem Weg zur Sauna siedend heiß ein: Ich habe noch keine gute Tat getan! Ich grüble und grüble. Bin schon fast so weit, meine eiserne

Schokoriegel-Reserve aus der Saunatasche zwischen die Handtücher ahnungsloser Saunierer zu stecken. Allerdings weiß ich gar nicht, wie lange meine eiserne Reserve eigentlich schon Bestandteil meiner Tasche ist. Als ich mich auf der verdreckten Damentoilette wiederfinde, ist das Problem gelöst! Engagiert, ja fast freudig erregt, schnappe ich mir Papier und Bürste und beschere der Putzfrau als auch späteren Toilettengästen eine gute Tat.

Als ich die Sauna betrete, verlässt die ewig quasselnde, 10-köpfige Omagruppe wie durch ein Wunder die Schwitzhöhle. Der Saunameister wedelt für mich ganz allein ... Noch nie ist mir eine gute Tat so herrlich vergolten worden.

Kommentar Jonathan:

Bitte verzeih mir die Frage, aber als Nicht-Saunist wüsste ich gern: Womit wedelt der Saunameister?

Die 124. gute Tat: Versuchungen des Fleisches

Am vierten Tag meiner Anti-Zucker-Diät bin ich schrecklichen Versuchungen ausgesetzt: Gleich zwei Kinder bringen riesige Kekstüten mit in den Therapieraum, die sie sich von ihren zwei Euro Taschengeld geleistet haben. (Noch halte ich mich mit dem erhabenen Gedanken über Wasser, dass ich viel mehr Geld habe – ätsch!) In der Therapie spiele ich mit einem Kind, dass wir Bauernhoftiere mit den Keksen füttern. Spätestens da wünsch ich mir einfach nur, ich wär 'ne Plastikkuh.

Später bringt mir ein Patient eine Tüte Gummibärchen mit. Bin kurz davor, den laut sprechenden Zeichen für ein sofortiges

Ende meiner Diät nachzugeben. Stattdessen drehe ich mich zu meiner Praktikantin um. In einem fast überirdischen Akt von Selbstlosigkeit reiche ich ihr die Tüte mit den Worten: „Nimm alles!“

Die 125. gute Tat: Für andere mitdenken

Meine Schwester Emmi und ich können dieses Wochenende nicht zum Geburtstag meiner Oma Elsbet gehen (aus karrieretechnischen Gründen – mehr dazu morgen). Ich rufe sie an, entschuldige uns und verspreche, übernächstes Wochenende vorbeizukommen.

Des Weiteren schreibe ich noch eine Geburtstagskarte. Ich schicke sie mit der Post, damit sie weiß, dass wir wirklich an sie denken (und an ihren Stachelbeerkuchen ... mmmhhhh). Die gute Tat dabei? Ich tue alles im Namen von Emmi und mir, obwohl sie garantiert nicht daran denkt. Sie ist eben schon total abgehoben, seitdem unsere Tanzgruppe den internationalen Durchbruch geschafft hat.

Die 126. gute Tat: On the road!

Als ich noch in den Kinderschuhen der guten Taten steckte, nahm ich jegliche Möglichkeit für eine gute Tat an. Damals gab ich meiner Schwester ein leichtsinniges Versprechen: Ich würde mit Kurfürst durch Österreich touren! Dabei wollte ich eigentlich nie wieder im Publikum tanzen. Meine gute Tat beinhaltet zusätzlich – das hab ich ihr versprochen –, jegliches Vermeiden besserwisserischer Ich-habs-dir-doch-gleich-gesagt-Sätze und auch -Blicke. Und somit hat unsere Tanzgruppe es vor allem Emmi zu verdanken, dass wir endlich die internationale Anerkennung bekommen, die wir verdienen. Die nächsten zwei Tage also kein Blog. I'm on the road.

Diesen Monat hatte ich einen hohen Einsatz gebracht, frei nach dem Motto: Viel hilft viel. Als ich mit der Clownsnase durch den Tag radelte und sicher zum Gespräch der ganzen Stadt wurde, bewies ich mehr Mut, als ich überhaupt besitze. Außerdem hatte ich eine Menge Zeit geopfert. Na ja, eigentlich nur die 81 Minuten am Telefon mit Oma Erika. Und nicht zuletzt hatte ich reichlich Kleingeld in Umlauf gebracht. Anfang April schrieb ich, dass sich meine Ausgaben bisher auf ungefähr 300 Euro summiert hatten.

Komischerweise bemerkte ich die davonfließenden Geldmassen überhaupt nicht! Ich, die ich sonst immer den Joghurt aus dem Angebot kaufte, weil er da 35 und nicht 49 Cent kostet! Nun sollte gerade ich auf einmal, trotz horrender Mehrausgaben, am Ende des Monats nicht an einer harten Brotrinde nagen? Es wurde Zeit, über meinen bisherigen Umgang mit Geld nachzudenken. Ich sollte großzügiger sein!

Mir kam die Idee, noch in diesem Jahr, vielleicht im Dezember, mein ganzes Monatsgehalt zu verschenken. Jeden Tag etwas. Doch ich ertappte mich, wie ich diese gute Tat abhängig machen wollte von dem vorhandenen Medieninteresse oder der Anzahl der Blogleser. Ich musste wirklich noch viel lernen! Und vor allem musste ich endlich einmal anfangen, ernsthaft selbstlos zu sein.

Mai: Auf der Suche nach der selbstlosen Tat

„Die Liebe allein versteht das Geheimnis, andere zu beschenken und dabei selbst reich zu werden.“

Clemens Brentano

Klappe die 128., 129., 130. und 131.: Servus, i bin wieder do!

Die Fahrt im Bandbus mit sechs schwitzenden Burschen gestaltete sich genau wie in meinen schwärzesten Albträumen. Doch ich wurde entschädigt: durch gigantische Berge, duftende Wiesenblumen, ein handgearbeitetes Himmelbett im Hotel, leckeren Kaiserschmarren und die geballte kurfürstliche Witzpower.

Folgende gute Taten gibt es nachzutragen:

- Am Freitag parke ich mein Auto um. Ich tue dies unterwürfig und betont freundlich – und zwar auf Geheiß eines gelangweilten Ich-schau-aus-dem-Fenster-raus-Rentners. Er möchte, dass „seine“ Straßenseite frei bleibt. Warum auch immer.
- Das Wochenende unterstütze ich „Kurfürst“ neben meiner extrem wichtigen Rolle als Tänzerin auch am CD-Stand.

- Neben vielen österreichischen Fans erkennt nun endlich auch Kurfürst unseren unschätzbaren Tanzdienst. Sie schenken uns, als Zeichen ihres Dankes, zwei übrig gebliebene T-Shirts der vorigen Kurfürst-Kollektion. Ich lasse Emmi das einzig wirklich passende T-Shirt und wähle selbst die Variation Kartoffelsack.
- Und zum Schluss die heutige Tat: Ich kaufe eine CD mit Kinderliedern. Von jeder Kaufsumme gehen 50 Cent an die Aktion „Ein Herz für Kinder". Das Verschenken dieser CD wird natürlich noch mal eine gute Tat sein.

Die 133. gute Tat: Einen Umweg nehmen

Heute fahre ich einen Umweg mit meinem Rad. Denn ich bringe eine Trauerkarte und Trauergeld bei der Enkelin meiner kürzlich verstorbenen Lieblings-Patientin vorbei. Erwarte, auf dem Weg einen Geldschein zu finden, bei einem Unfall erste Hilfe leisten zu können oder von einem Model-Scout entdeckt zu werden.

Nichts.

Ach ja, ich wollte doch anfangen, meine guten Taten wirklich selbstlos zu tun. Morgen fange ich an.

Die 134. gute Tat: Der Gipfel der Selbstlosigkeit

Heute soll meine Tat hundertprozentig selbstlos sein. Sie soll mich so richtig quälen. Aber es kommt schlimmer als gedacht …

Ich betrete einen Bäckerladen – und das ist ein absolutes No-Go während einer Zuckerdiät! Meine Durchhaltekraft wankt ohnehin schon durch zahlreiche Eiswerbungen und Sahnepudding-Tagträume. Doch ich bin wegen meiner Kolleginnen hier. Für sie – und nur für sie – kaufe ich Spritzringe und verlasse sabbernd den Laden. Minuten später fällt mir ein, dass unsere Praktikantin auch etwas abbekommen sollte. Also vollbringe ich meine fast unmenschlich selbstlose Tat noch einmal. Mutig betrete ich einen weiteren Bäckerladen und taumle in einer Geruchsekstase wieder heraus.

Wann ist eine gute Tat selbstlos? Wenn man keinerlei Nutzen daraus zieht? Wenn die Umsetzung Überwindung kostet? Wenn mir ein echter Nachteil entsteht? Oder wenn man im Vorfeld Albträume bekommt? Ich hatte alle diese Fragen und noch mehr. Sollte ich kleine Leckerlis für den Der-tut-nichts-Hund meines Nachbarn kaufen, sie dem lieben Kerlchen in den Futternapf schütten und mir dabei die Hand abbeißen lassen? Aber vielleicht wäre nicht mal das wahrhaftig selbstlos gewesen! Sicher würde meine Heldentat bei RTL „Punkt 12“ laufen. Ruhm und Ehre wären mein.

Es war zum Zerbröseln! Ich prüfte meine bisherigen – eher unspektakulären – Taten, ob eine davon die selbstlosen Voraussetzungen erfüllen würde: wie die „Fettarsch“-Tat und die Bäckerei-Folter. Obwohl sie auf den ersten Blick uneigennützig waren, ließ sich ein simpler Gedanke nicht abschütteln: Mein Tag hatte durch die Tat einen Sinn bekommen. Ich hatte eine Aufgabe, ich konnte etwas bewegen, war nicht umsonst auf der Welt. Und das war ein gutes Gefühl!

Für diesen Abend beendete ich meine Suche nach der selbstlosen guten Tat. Bevor ich den Tag abschloss und mich ins

Bäckerei-Traumland begab, schrieb ich folgenden gewichtigen Merksatz in mein Tagebuch:

„Jeden Tag eine gute Tat zu tun, heißt jedem Tag einen Sinn zu geben."

Die 139. gute Tat: Elif in Not

Eigentlich wollte meine Schwester Elif es nicht verraten. Doch ich habe es herausgefunden. Aufgrund meiner sensiblen schwesterlichen Intuition. Und weil meine Mutti sich verplappert hat. Elif hat heute praktische Fahrprüfung. Ich schicke ihr eine Mut machende SMS und bete während der ganzen Dreiviertelstunde innig, sie möge bestehen.

„JAAAAAAAA! Bestanden!", ruft Elif danach überschwänglich und atemlos ins Telefon. „Ich hab übelst viele Fehler gemacht, aber er hat mich trotzdem bestehen lassen!"

Die 141. gute Tat: Geschenke-Kampf mit Rentnerin

Mein Patient Herr Kreißig aus dem Pflegeheim klagt schon seit Tagen über Halsschmerzen und Husten. Ich bringe ihm heute ein paar Lutschtabletten mit. Frau Rose, Rentnerin in love, lässt jedoch keine Konkurrenz zu. Sofort beauftragt sie die Schwestern, Herrn Kreißig umgehend eine ihrer eingelagerten Schnapspralinenschachteln zu überbringen. Männlicher, geistig fitter Pflegeheimbewohner mit Halsschmerzen – so lässt es sich leben.

Die 142. Tat: Schwangerschaftsmode

Heute brechen wir in aller Frühe zu einer Fahrradtour mit Freunden auf. Meine schwangere Freundin Stella ist auch mit dabei. Ich bringe ihr zwei Röcke mit, die ich – ohne es in der Umkleidekabine bemerkt zu haben – in der Schwangerenabteilung gekauft habe. Bitte keine Kommentare dazu.

Es war ein herrlich schöner Maitag. Wir und Emmi, Til, Stella, Martin und zwei ihrer Elektrotechnik-Freunde schwangen uns auf die Räder. Es ging über Wiesen und durch Wälder. Stella war im fünften Monat schwanger und schnaufte schon ganz schön. Wir ließen uns von unseren Männern anschieben. Unsere Haare wehten im Wind. Wir lachten. Ich atmete die frische Luft des Frühlings tief ein, sah über die herrlich gelben Rapsfelder und dachte über die selbstlosen Taten nach. Wie sollte eine gute Tat zwischen zwei Menschen ohne Folgen bleiben? War es nicht so, dass man mit jedem Danke, mit jeder Gefälligkeit und mit jedem Geschenk auf ein „emotionales Konto“ bei dem anderen „einzahlte“?

Ich trat kräftiger in die Pedale und wünschte mir, ich hätte, anstatt ständig über die guten Taten zu sinnen, mal über den zu niedrigen Luftdruck meiner Reifen nachgedacht. Obwohl mich die körperliche Anstrengung zu geistigen Höhenflügen antrieb. Auf einmal war alles so logisch: Ich hatte Stella mit der heutigen guten Tat gezeigt, dass ich an sie dachte. Dass ich ihr Gutes wollte. Dass sie mir wichtig war. Davon würde unsere Freundschaft profitieren! Durch jede „Einzahlung“ würde unsere Beziehung an Vertrauen gewinnen, größere Zuneigung und stärkeren Zusammenhalt erlangen. Und wenn ich im „Plus“ bei ihr war, würde ich sicher auch mal eine „Abhebung“ machen können. Solche Freundschaften in meinem Leben zu haben, was wäre das für ein Gewinn!

Plötzlich riss mich Til aus den Gedanken. Er kam von hinten angeradelt und schob mich mit den Worten „Spürst du meine geballte Schafsknacker-Kraft?“ den restlichen Berg hinauf.

Ich war mal wieder meilenweit davon entfernt, die selbstlose Tat zu finden. Doch das fand ich auf einmal gar nicht so schlecht.

Die 148. gute Tat: Obdach gewähren

Der schon seit Tagen wütende Eiswind trieb mir am Abend einen ärmlichen und hilflosen Fremden vor die Tür. Er bat um ein warmes Essen und eine Stelle am Feuer für die Nacht.

Genau dieses Szenario fehlt mir noch auf meiner Liste der guten Taten. Allerdings lässt sich diese Situation nur schwer herbeiführen. Ich komme ihr heute dennoch recht nahe. Gut, es ist Mai und es ist kein Fremder, sondern meine Schwester Elif. Aber sie bleibt immerhin 15 Nächte lang wegen ihres Praktikums. Das zählt doch auch, oder?

Jemandem Obdach gewähren? Abgehakt!

Die 149. gute Tat: Ich verleihe mein Fahrzeug

Wie ihr vielleicht schon vermutet habt, war ich nicht bei der Befreiung der zwei deutschen Mädchen aus dem Jemen dabei. Noch habe ich eine Rentnerin aus dem Hochwasser in

Tschechien geborgen. Ich beschränke mich eher auf gute Taten vor Ort. Habe Elif heute mein Traum-City-Bike geliehen. Dafür musste ich mit dem Albtraum-Abenteuer-Bike meines Mannes vorliebnehmen.

Gute Tat Nummer 150: Würden wir mehr tanzen, die Welt wäre eine andere ...

Trotz meines internationalen Erfolgs bin ich völlig auf dem Boden geblieben. Ja, ich bin so geerdet, dass ich dem Drängen von Emmi und unserer alten Tanzlehrerin nachgebe: Ich unterstütze unsere Kirchgemeinde ehrenamtlich bei einem Tanzprojekt.

Heute ist die erste Probe. Ich muss schnell noch mein Markenzeichen, die „Windmühle", üben und diesen „Mein-Herz-ist-voll-von-allem"-Blick. Ach ja, und unser Mantra darf ich nicht vergessen: „Tanzen als gäbe es keine Sprache, weil Worte nicht mehr nötig sind."

Die 152. gute Tat: Abschiedsgeschenk

Chris fährt heute Morgen für vier Tage auf eine Männer-Wander-Tour. Natürlich habe ich mich bei mehreren Stellen erkundigt, ob der Speiseplan auch ausreichend Obst und Gemüse vorsieht. So schenke ich ihm heute eine Packung Kinderriegel für den Notfall. Ich winke ihm mit einem Taschentuch hinterher. Goodbye, my love!

Wieder in der Wohnung zurück entdecke ich die vergessenen Schokoriegel. Ein Parade-Beispiel für den Empfänger-Typ 4: Der Ignorant.

Ignoranten besitzen so viel Aufnahmekapazität für gute Taten wie der Indische Ozean für Wasser. Gedankenlos und unbekümmert nehmen sie gute Taten entgegen, ohne deren Wert zu achten oder ihnen Dank zu zollen. Oft strafen sie den Geber mit Desinteresse und vergessen sogar die Tat. Denn Menschen der Kategorie „Ich-werde-beschenkt-na-und?" verbindet eine Tatsache: Sie nehmen vieles als selbstverständlich hin.

Ich habe mir eine Strategie überlegt, wie man von Ignoranten trotzdem Respekt ergattert. Ich nenne es die Lämmel-Strategie – nach einem Bekannten mit dem Nachnamen Lämmel. Dieser beginnt regelmäßig Small-Talks auf der Straße mit folgendem Satz: „Wie findest du eigentlich meinen neuen Pullover?"

Leicht abgewandelt teste ich die Strategie in unserem Ehealltag: „Christoph, wie findest du es eigentlich, wenn ich dir sage, dass deine neue Internetseite echt toll aussieht?" Für einen Moment wird der Blick meines Mannes ganz klar und er sagt, wie aus einem Schlaf erwacht: „Ja, gut, danke!" Im besten Fall gibt er mir noch einen Kuss. Ihr seht: Man muss sich nur zu helfen wissen. Allerdings ist es vielleicht zu viel verlangt, dass er die „Durch-die-Blume-Strategie" erkennt und mich demnächst ebenfalls fürs Essen oder meinen neuesten Blog lobt.

EMPFÄNGER-TYP 4: DER IGNORANT

Ignoranten besitzen so viel Aufnahmekapazität für gute Taten wie der Indische Ozean für Wasser. Gedankenlos und unbekümmert nehmen sie gute Taten entgegen, ohne deren Wert zu achten oder ihnen Dank zu zollen. Oft strafen sie den Geber mit Desinteresse und vergessen sogar die Tat. Denn Menschen der Kategorie „Ich-werde-beschenkt-na-und?" verbindet eine Tatsache: Sie nehmen vieles als selbstverständlich hin.

Die 153. gute Tat: Jonathan bei Laune halten

Muss Jonathan unbedingt mal wieder eine gute Tat schenken, um seine Kommentierlaune zu erhalten. Ich habe die Wahl zwischen:

- Seinen Schweiß beim nächsten Auftritt nach jedem Lied mit einem selbst gehäkelten Tuch vorsichtig abtupfen und dabei sagen: „Du riechst wie eine duftende Rose im Morgengrauen."

- Ihm einen ganzen Tag lang in einer Endlosschleife Eierkuchen backen und dafür sorgen, dass er trotzdem nicht dick(er) wird.

Ich hatte die Häkelnadeln schon hervorgeholt, als ihm zum Glück in letzter Minute noch etwas einfällt: Wir könnten doch heut Abend gemeinsam quer durchs halbe Bundesland zu einer Pfingstparty fahren. Also, genauer gesagt, ich fahre, er darf das Radio bedienen. Puh …

Jonathan ist mein treuester Blogleser, größter Ermutiger und stylischster Freund. Er schreibt einen Modeblog und kennt sich deswegen mit Trends richtig gut aus. Einmal schoss er knapp über das Ziel hinaus, als er sich ein Telefonkabel an die Gürtelschlaufe seiner Hose hängte. Kritik ließ er allerdings nicht gelten. Er behauptete einfach, Chemnitz wäre noch nicht bereit dafür.

Wenn ich ihn sehe, begrüßt er mich immer mit einem strahlenden Lächeln und offenen Armen. Oder mit einem Händedruck, der so perfekt dosiert und positiv ist, dass man sofort sagen möchte: „Ja, ich will. Reiß mich mit."

In seinem Kopf tummeln sich eine Vielzahl von verrückten Ideen. Aus dem Online-Klopapier-Bring-Service für Studenten wurde bisher leider nichts. Auch die Idee, „Designershirts" mit Aufdrucken von getrockneten Aprikosen oder riesigen Popeln herzustellen, löste sich in Luft auf. Ich verbringe gern Zeit mit ihm. Er ist sehr aufmerksam und ich kann mit ihm über (fast) alles reden. Heikle Themen allerdings umschiffe ich lieber. Denn kommt es erst einmal zu einer Diskussion, schlägt er mich am Ende immer mit seinen zwei Standard-Argumenten. Je nach Thema lauten diese: „Ich weiß das, meine Mutter ist Psychologin" oder: „Ich weiß das, mein Vater ist Musiker".

Wie dem auch sei – ich wäre allein deswegen gern einmal seine Freundin gewesen, damit er mir ein Liebeslied hätte dichten können …

Die 154. gute Tat: Memoiren

Es geht um Mord, Wahnsinn und religiösen Zwang. Armut, Versuchungen und Zahnschmerzen. Ziegenmilch und stundenlange Telefonate. Das Leben der Oma Erika.

Ich trete aus dem schönen sonnigen Tag in eine dunkle, etwas stickige und überfüllte Wohnung. Oma Erika kommt mir freudig entgegen. Wir wollen heute gemeinsam ihre Memoiren schreiben. Ich helfe ihr, die Gedanken zu ordnen, und tippe alles später in den Computer. Wir sind zeitstrahlmäßig nur bis zu ihrer Hochzeit gekommen. Demnächst folgt also Memoiren-Tat Teil II.

Als ich wieder in die Abendsonne hinaustrete, bin ich um sieben Schokoriegel, einen Blumentopf, zehn Umarmungen und fünf feuchte Küsse reicher. Dabei werde ich das Gefühl nicht los, heute etwas wirklich Wichtiges getan zu haben.

Tat Nummer 155: Ich vergifte niemanden

Ich schenke meiner Obermieterin mal wieder ein Stück selbst gebackene Torte. Dieses Mal habe ich auch wirklich nur unbedenkliche Zutaten verwendet. Sogar beim Rhabarber aus unserem Garten bin ich mir ziemlich sicher. Man kann doch die Blätter mitverwenden, oder? ;-) Und elf Stücke bleiben noch für mich, perfekt!

Drei Tage und fünf Tortenstücke später sitze ich bei meinem Hausbesuchspatienten Herrn Reuter. Dort geschieht ein kleines Wunder: Trotz Abitur und großem Vertrauen in meine eigenen geistigen Fähigkeiten, beschert mir erst diese Therapiestunde mit einem sprachgestörten Rentner die Erleuchtung, die mir auf der Suche nach der selbstlosen Tat noch fehlte! Herr Reuter und ich lesen die Fabel vom Löwen und dem Mäuschen. Mit seinen Worten gesprochen, hat sie folgenden Inhalt: „Löwe Maus gefangen. Maus freigelassen. Maus: Danke! Löwe im Netz gefangen. Maus Netz kaputt mit Zähne." Und die Moral von der Geschicht? Es ist nie einer zu gering, dass er dir deine gute Tat nicht vergelten könnte.

Spontan fiel mir ein Motto ein, welches sich für das nächste Jahr hervorragend eignen würde: Die 365 guten Taten kommen zu mir zurück. Denn: Wer Gutes tut, darf auch Gutes erwarten.

Gute Tat Nummer 156: Lektion im Parkhaus

Ich stehe an der Kasse im Schuhgeschäft eines großen Einkaufscenters. Plötzlich ertönt eine Durchsage: „Der Fahrer mit dem Kennzeichen STL – TV 33 soll sich bitte umgehend am Informationsstand melden. Ich wiederhole …"

Das ist mein Kennzeichen! Eilig bezahle ich und gehe mit klopfendem Herzen in Richtung Infostand. Dort wartet eine betrübt dreinschauende junge Frau. Ängstlich gibt sie zu, mein parkendes Auto angefahren zu haben. Gemeinsam begutachten wir den Schaden. Ihr rechter Vorderreifen hat an meinem linken hinteren Kotflügel ein paar hässliche schwarze Striemen hinterlassen. Mein Auto ist nicht mehr das Neueste und es wären nicht die ersten Kratzer gewesen. Trotzdem ärgert es mich. Ich schaue ihr ins Gesicht, denke an die guten Taten, an Christophs Polierfähigkeiten und sage: „Vielen Dank, dass Sie sich gemeldet haben. Lassen wir es darauf beruhen. Ich wünsche Ihnen noch einen schönen Tag."

Sie hat in dieser blöden Situation eine gute Tat begangen, als sie mich ausrufen ließ. Dafür möchte ich sie belohnen und ihr zeigen: Gutes tun lohnt sich.

Plan B und die 157. gute Tat

Ich lade meine Schwester und ewige Mietnomadin Elif ins Kino zu dem Film „Plan B" ein. Dabei frage ich mich: Was ist eigentlich mein Plan B, sollte ich es nicht schaffen, am Ende des Gute-Taten-Jahres die Welt wenigstens ein bisschen verändert zu haben?

Doch dann denk ich: Wozu brauch ich überhaupt einen Plan B? Jetzt ist meine Chance. Jetzt. Oder morgen. Ich geh erst mal schlafen.

Die 159. gute Tat: Barmherzigkeit

Geduld sollte eine olympische Disziplin sein! Heute versuche ich erfolglos, mit einer schlafenden Oma Volkslieder zu singen. Dann warte ich etwa fünf Minuten, dass ein Patient die simplen fünf Bildkarten einer Bildgeschichte ordnet. Ich desinfiziere ein Kind mindestens zehn Mal, weil es trotz Salmonellen (!) zur Therapie kommt. Und ich putze einem Opa liebevoll x-mal seine laufende Nase. Am Ende des Tages bin ich mit meiner Geduld fast am Ende. Da fragt mich eine gewisse Mietnomadin beim Ausfüllen eines Poesiealbums (!), ob „Ehefrau“ zusammen und ob „erinnern“ kleingeschrieben wird.

Ich könnte ausrasten … aber: Ich bleibe barmherzig. Für den weiteren Verlauf des Abends kann ich allerdings nicht garantieren.

Elif. Die Kleinste von uns drei Mädchen könnte ich liebevoll als Nesthäkchen oder wahrheitsgemäß als verzogene Göre bezeichnen. Fest steht jedoch, dass sie mit ihren braunen Locken und ihrem ausgezeichneten Klamottengeschmack hinreißend aussieht. Zurzeit besucht sie die 11. Klasse eines Gymnasiums mit sozialer Ausrichtung. Deswegen muss sie ständig irgendwelche Praktika absolvieren, die anstrengend und darüber hinaus unbezahlt sind. Logopädin will sie auf keinen Fall werden. Dann doch lieber Schauspielerin oder Paartherapeutin. Neben der Schule arbeitet sie bei H&M, was gut ist: Sie kauft sich dort mehr Sachen, als sie jemals anziehen kann. Der Rest geht in meinen Besitz über. Dieses Jahr wird sie 18, was schlecht ist: Zunehmend entzieht sie sich meinem guten Einfluss. Momentan streiten wir uns ein bisschen, weil sie sich tätowieren lassen will: eine Eule mit Mond und dem Namen ihrer suuuuper-besten Freundin Franzi. Was ist nur aus den guten alten Freundschaftsbändern geworden?

Solche und solche Tage

Meine kleine Freundin und Dauerpatientin Sophie kommt nun bald in die Schule. Nach dem heutigen Knallersatz „Die Biene hummelt“ ist sie auf dem Höhepunkt ihrer sprachlichen Karriere angekommen. Ich entlasse sie offiziell aus der Therapie. Sie schenkt mir ein selbst gebasteltes Armband und ich ihr ein Stück selbst gebackenen Rhabarberkuchen (erste gute Tat).

Meine Praktikantin darf mitessen (zweite gute Tat).

Sophie mag keinen Rhabarber (minus eine Tat) und Elif wird schlecht (wieder minus eine Tat).

Tja, es gibt solche und solche Tage. Und heute ist ein solcher.

Die 163. gute Tat: „Du siehst heute echt scharf aus!“

Ich habe bereits mit verschiedenen treuen Bloglesern anregende Diskussionen über meine „Du-bist-schön!“-Zettelaktionen führen müssen: Debatten über Wahrheitsgehalt, Sinn und Ausdrucksweise. Für alle erträglich war dann schließlich die Kompromissformulierung: „Du bist ein wunderbares Einzelstück!“

Wie dem auch sei. Ich kaufte gestern eine Karte mit der Aufschrift: „Du siehst heute echt scharf aus!“ Meine Freundin und Lieblingsfriseurin Sarah geht heute mit mir brasilianisch essen. Während sie auf dem Klo ist, stecke ich die Karte in ihre Handtasche. Und wehe, dieses Mal legt sich wieder jemand mit mir wegen des Wahrheitsgehalts an!

Am Ende des Monats zog ich Resümee. Es war keine Niederlage, dass ich die selbstlose Tat nicht gefunden hatte. Es gab sie schlichtweg nicht. Nun konnte ich mit gutem Gewissen aufhören zu suchen und anfangen, die schönen Seiten der guten Taten zu genießen!

Juni: Bin ich (gut) genug?

„Ob wir Großes tun oder Kleines, ist nicht so wichtig. Entscheidend ist, dass wir unser Mögliches tun.“ B. H.

Die 164. gute Tat und zwei gute Taten für mich

Heute ist Kindertag und ich verschenke Bonbons an alle meine kleinen Patienten und deren freche große Geschwister. Doch es passiert noch mehr: Die guten Taten kommen zu mir zurück!

Als ich im Terminstress feststelle, dass irgendein kurzsichtiger Volltrottel mein Auto zugeparkt hat, ärgere ich mich fürchterlich. Mein nächster Hausbesuch wartet!

1. gute Tat: Die nette Bäckersfrau, die hinter mir parkt, verlässt ihren Laden, um ein Stück zurückzufahren. (Ich ärgere mich immer noch.)
2. gute Tat: Ein freundlich lächelnder Mann hilft mir beim Rangieren. (Der Ärger sitzt tief, ich bedanke mich mäßig freundlich mit einem Nicken.)

Ein paar Minuten später als geplant lenke ich in die Straße meiner Patientin ein. Da sehe ich einen schlimmen Unfall. Er muss gerade erst geschehen sein. Sanitäter leisten erste Hilfe. Vorsichtig fahre ich vorbei. Plötzlich ärgere ich mich nicht mehr. Und plötzlich scheint es mir sogar unverhältnismäßig hart und gänzlich unangebracht, dass ich vorhin jemanden gedanklich als „kurzsichtigen Volltrottel“ bezeichnet habe.

Die 165. Tat: Die Hammer-Beurteilung

Fünf Windbeutel und fünf Eclairs bekomme ich heute von einem Patienten geschenkt. Nach dem Verzehr bin ich so voller Freude und Energie, dass ich meiner Praktikantin eine Hammer-Beurteilung schreibe: SUPER, FANTASTISCH, WAHNSINN, WINDBEUTEL, TOLL GEMACHT!

Gute Tat Nummer 166.: Theresa holt die Feuerwehr

Schon seit drei Monaten betreue ich Frau Müller in der Sprechtherapie. Ich singe, sage Verse auf und versuche, sie zum Sprechen leichter a-o, a-i oder i-u Vokalfolgen zu motivieren. Und was macht sie? Spätestens bei „Daraus wob die braune Heide sich ein Gewand gar fein …“ fällt sie innerhalb von Sekunden in einen gesegneten Tiefschlaf. Doch so leicht geb ich sie nicht auf, ich bleibe dran. Komme Woche für Woche, nehme es nicht persönlich, lobe und motiviere, lobe und motiviere, lobe …

Heute dann empfängt sie mich mit erstaunlich wachen Augen, sagt ohne Aufforderung die a-o, a-i, u-i-Folgen. Später überrascht sie mich mit einem selbst gedichteten Lied. Aus vollem Halse singt sie mit theatralischer Miene: „Oh Tannenbaum, oh Tannenbaum, Frau Müller klebt am Gartenzaun (sie meint das Bettgitter). Sie ruft: ‚Oh je, ich kann nicht mehr!' Theresa holt die Feuerwehr …"

Na, wenn sich das mal nicht gelohnt hat. ☺

Klappe die 169. und 170.: Dankeskarte und Blasenentzündung

Mein Vati verkündet heute, er würde sich nun endlich auch mal ein Vorbild an der engagierten, einfallsreichen und wunderschönen (damit meint er mich) Bloggerin nehmen. Also pflückt er für meine Mutti als gute Tat einen Wiesenblumenstrauß auf dem Feld hinter ihrem Haus.

Die Bereitschaft zur guten Tat darf natürlich meinerseits nicht unbeachtet bleiben. Er soll gleich lernen, dass es sich lohnt … Ich lege ihm eine Dankeskarte aufs Kopfkissen und schreibe: „Danke, dass du uns allen drei Kindern ermöglicht hast, ein eigenes Auto zu fahren." War überfällig.

Später, auf der 30-minütigen Fahrt zurück in unsere Wochenwohnung, müssen wir auf einer Raststätte halten. Ich habe eine Blasenentzündung und würde 20 Euro zahlen, wenn mir jetzt jemand eine Toilette bereiten würde. Schließlich lege ich einen Euro auf den Klofrauenteller, immerhin 70 Cent mehr als üblich und einen Euro mehr als gewohnt.

Die 171. gute Tat: Eis statt Blasentee

Was mir Kraft gibt: Dass der Wind so warm beim Fahrradfahren weht und die Luft so weich ist. Dass ich mich endlich nackt im Wellnessbereich sonnen kann und der Saunameister wieder nur für mich wedelt. Dass mein Mann kocht, das Brot so eine knusprige Rinde hat und dass ich endlich meine Sommerkollektion tragen kann. So gibt es nicht, wie eigentlich geplant, Blasentee für alle, sondern Eis für meine Kolleginnen.

Kommentar Silke:

Wurde heute auch „Opfer" einer guten Tat: Eine nette ältere Amerikanerin, die am Nachbartisch beim Lunch saß, ging an meinem Tisch vorbei und rief mir ein „I love your hairstyle. Beautiful!" zu. Ich war völlig perplex, war ich doch seit Ende Februar (!!!) nicht mehr beim Friseur gewesen! Hab mich natürlich darüber gefreut, aber auch gleich geprüft, ob sie mir nicht noch heimlich ein Post-it mit „You are beautiful" oder „You look younger than you are" in die Tasche geschoben hatte. Man weiß ja nie ... hihi.

Kurzum: Empfänger guter Taten zu sein, ist wunderbar. Ich stelle mich hier freiwilliger- und großzügigerweise zur Verfügung. Ab dem 16.7. bin ich wieder in Deutschland und dann kannst du dich an mir austoben.

NEUER Tag, neue Tat: Nummer 173

Weil ich lange die Zehn-Finger-Technik beim Tippen nicht beherrschte, kam ich mir immer LAHM vor … Habe MIR oben genannte Technik aber Anfang des Jahres selbst beigebracht und tippe heute einen Text für meine Mutti ab. Denn bevor ich den MÜLL ERschöpfend runtertrage oder CACAU vom (Mertes)ACKER hinter unserem Haus pflücke, hab ich so doch SCHWEIN! STEIGER mich jetzt wieder ins Spiel rein.

Wer denkt, ich hätte *nur* 365 gute Taten vollbracht, der irrt sich gewaltig. Erstens musste ich passende Gelegenheiten finden oder schaffen. Zweitens musste ich die gute Tat tun, drittens eine witzige Geschichte um die Tat herumformulieren und viertens die Zeit finden, den Blog zu schreiben. Meistens saß ich dann abends am Laptop. So wie bei der 173. guten Tat. Wir hatten Freunde zum Public Viewing in den Garten meiner Eltern eingeladen. Die Stimmung war ausgelassen, das Spiel spannend. Jeder Gast hatte den Namen eines Nationalspielers gezogen. Erwähnte der Kommentator den gezogenen Spieler, musste man trinken. Ich hatte Philipp Lahm erwischt …

In der Halbzeitpause saß ich dann vor dem PC, hörte die Menge draußen lachen und starrte den Monitor an. Ich hatte also heute für meine Mutti einen Text abgetippt, weil ich mit zehn Fingern schreiben kann und sie nicht. Wie krass! Und was sollte ich mit diesem Material anfangen? Irgendwie entstand dann doch ein ganz netter Blogbeitrag. Irgendwie entstanden sie alle. Fragt mich nicht wie. Anscheinend bin ich witzig. Oder jung und unverbraucht. Oder ich habe einen LÖWenanteil göttlicher Segnungen in meinem Leben.

Gute Tat Nummer 174: Chancengeberin

Ein schwarz gekleidetes Mädchen betritt unsere Praxis. In der Luft erahnt man plötzlich den Gestank kalten Rauchs. Fragend schauen mich ihre schwarz umrandeten Augen an. Ob wir ihre Bewerbung um einen Praktikumsplatz bekommen hätten?

Ein kurzer Blick noch auf ihren abgeblätterten Nagellack und ihre herausgewachsene blonde Haarfarbe. In Gedanken errechne ich die noch verbleibenden guten Taten (193) und schon sage ich gespielt überzeugend: „Ja, du kannst gern dein Praktikum bei uns machen!" Ich fand es gut, dass sie persönlich vorbeikam, um nachzufragen. Dafür bekommt sie die Stelle. Ich geb ihr eine Chance.

Mist, bei allem Enthusiasmus hab ich doch glatt vergessen, meinen Chef zu fragen …

Kommentar Trixi:

Bisher legte ich viel Wert darauf, möglichst jeden Morgen die Herrenhuter Losung zu lesen. Heute lese ich möglichst jeden Abend deine Tages-Blog-Losung und merke dabei, dass es stimmt, was die Bibel sagt: „Ihr seid ein Brief Christi." Halt eben nur anders. Danke, du Chancengeberin. Ich bitte um Fortsetzung.

Gute Taten 175 und 176: Cool!

Am bisher heißesten Tag des Jahres vollbringe ich zwei coole Taten: Ich kühle die Stirn und die Handgelenke einer alten bettlägerigen Patientin mit einem feuchten Tuch. Außerdem schenke ich einem völlig verschwitzten und abgehetzten Jungen in unserer Praxis ein Glas kaltes Wasser und ein Eis. Und das alles, bevor ich die besten Stunden des Tages mit Schmerzen im Bett liege! Ich werde ins Krankenhaus eingeliefert wegen Verdacht auf Nierenbeckenentzündung. Wo sind jetzt die kalten Tücher und die kühlen Getränke? Egal, ich bekomm etwas Besseres: Am Abend verschwinden die fiesen Schmerzen. Cool!

Die 177., 178. und 179. Tat: Es fließt ...

Die guten Taten fließen im Moment so selbstverständlich wie der Schweiß bei diesen Temperaturen. Okay, dieser Vergleich war eklig. Ich komm mal lieber gleich zum Thema. Ich habe:

- meiner Freundin Estephania ein Überraschungs-Geburtstagsgeschenk in den Briefkasten geworfen.
- dem Mann meiner Freundin Patrischa ein kleines Urlaubsgeld geschenkt für seine über die Maßen hinausgehende Unterstützung bei unserer Steuererklärung.
- meinen Vati umarmt, was ich seit der Pubertät nicht mehr gemacht habe und ab jetzt beibehalten will.

Was ist gut genug? – Gute Taten Nummer 180, 181 und 182

Ich bin nicht besonders sportlich, kann nicht sonderlich gut zeichnen oder singen. Auch was das Backen angeht, bin ich leider weniger begabt als leidenschaftlich begeistert. Dafür bin ich ein guter Motivator und habe ein Gespür für schöne Dinge. Ich mag meine Stimme und kann gut organisieren. Ich färbe heute nur meiner Mutti die Haare und massiere meine Schwester. Aber das genügt.

Es ist so entkrampfend. Man ist, wer man ist. Man tut, was man kann. Das genügt.

Ja, na gut, ich hab noch einen Joker: Ich bezahle heute mein rezeptpflichtiges Medikament selbst in der Apotheke. Entlaste damit die Kassen des Gesundheitswesens, und schon ist die Gesellschaft einen Schritt weiter entfernt von der Kopfpauschale. So, das genügt aber nun wirklich für heute!

Ich muss gestehen: Mein Experiment verbarg neben der Chance, über mich hinauszuwachsen, auch das Risiko, über mich hinauszuwachsen. Es war ein ziemlich schmaler Grat zwischen Gutes-tun-wollen und Gutes-tun-müssen. Ich hatte nun fast die Hälfte hinter mir. Oder die Hälfte vor mir? Um es auf den Punkt zu bringen: Ich stand ganz schön unter Druck. Selbstzweifel plagten mich. War ich gut genug? Hätte ich noch mehr bewegen können? Hatte ich überhaupt etwas bewegt?

Das Leistungsmonster wurde immer größer und mein Selbstbewusstsein immer kleiner. Ich brauchte jemanden, der mich aufbaute. Jetzt! Ich schlich zu meinem Mann ins Schlafzimmer. Der hatte den Abend zuvor mit seinem besten Freund Til eine

Zocksession gehabt. Jetzt, um elf Uhr am Morgen, müsste er doch bei bester Laune sein, oder?

„Wie findest du meine guten Taten eigentlich so? Sind sie gut genug?", fragte ich ihn. Er sah mich müde an und murmelte: „Ich hab dir doch schon mal gesagt, dass ich dein Experiment gut finde. Du musst dir das auch mal abspeichern. Ich kann mich ja nicht ständig wiederholen."

Na toll. War ja klar.

„Nimm's mir nicht übel", sagte er weiter. „Aber wir haben bis Mitternacht versucht, das Spiel auf unseren Rechnern zu installieren, und haben uns dabei einen russischen Virus eingefangen. Den Rest der Nacht habe ich damit verbracht, meinen PC neu zu machen." So entschuldigte er sein mangelndes Einfühlungsvermögen.

Jetzt blieb mir nur meine Mutti, mein letzter Ermutigungspfeiler. Leider war ihr Telefon besetzt. Vielleicht kannte ja Jonathan, mein Kommentiermeister, den Sinn meines Experiments? „Hallo, Nathan der Weise", jammerte ich ins Telefon. „Sind meine guten Taten eigentlich gut genug? Was denkst du?"

Da hörte ich, wie er – trotz Eierkuchen im Mund – entgegnete: „Hallo Lämmel, ja klar! Spitze, was du alles machst. Ich amüsiere mich königlich über deine Geschichten und denke jetzt viel öfter auch mal dran, eine gute Tat zu tun. Und ich creme mich besser ein als vorher."

„Ja?", hauchte ich, um noch mehr Auferbauung zu bekommen.

„Ja! Oft machen doch die kleinen Dinge den Unterschied. So wie viele Regentropfen eine Überschwemmung bedeuten oder viele Autos einen Stau."

Okay, das waren vielleicht nicht die besten Vergleiche, aber ich wusste, was er meinte. Ich las am Abend ein Zitat von Paula Modersohn-Becker und war damit endgültig wieder auf Kurs: „Man tut, was man kann, und legt sich dann schlafen. Und auf diese Weise geschieht es, dass man eines Tages etwas geleistet hat."

Die 183. gute Tat: Liebe verschwenden

Die Hälfte aller Taten in diesem Jahr ist geschafft! Der Anlass für diese heutige, historisch bedeutende Tat ergibt sich für mich im Pflegeheim. Dort frage ich eine Schwester nach einem Pudding für meinen Patienten. Sie sei neu, meint sie, und kenne sich noch gar nicht richtig aus. Ich lächle und bejahe verständnisvoll, dass es sicher einige Zeit brauche, um mit allem zurechtzukommen. „Ich bin nur eine 1-Euro-Jobberin", sagt sie entschuldigend. Ich wünsche ihr einen guten Start und lächle wieder übers ganze Gesicht.

Logisch ist man nett zu seinem Ehepartner, seinen Patienten, seinen Kollegen, seinen Freunden. Aber was ist mit diesen scheinbar unbedeutenden Randpersonen? Was ist mit dem Postboten, der Kassiererin, der 1-Euro-Jobberin? Nicht damit ich profitiere, sondern einfach, um Liebe und Freundlichkeit zu verschwenden. Dafür sind gute Taten da.

Gute Tat Nummer 185: Glückwunsch, Lotta!

Ein prickelnd aufregender Tag: Meine Praktikantin Lotta hat heute praktische Prüfung. „Im Glauben" stelle ich ihr eine Flasche Sekt und eine Glückwunschkarte bereit. Außerdem erheitere ich die Stimmung durch professionellen Smalltalk mit den Prüfern. Und ich kümmere mich um Erfrischungsgetränke für alle Beteiligten, während sie auf den Patienten warten, der sich verspätet. Liebe Prüfungspatienten der Welt: Eine halbe Stunde zu spät zu einem so wichtigen Ereignis? Das ist echt ein No-Go!

Aber wie gesagt: Zum Glück war ich da. Und zum Glück haben die Prüfer ihre Leistung entsprechend anerkannt. Note: eins!

Nullnummer

Hab von einem Mann gelesen, der die Gabe der „Ehelosigkeit" und „freiwilligen Armut" für sich entdeckt hat. Heute entdeckte ich auch eine Gabe an mir: die Gabe der „freiwilligen Tatenlosigkeit". Heute war einfach zu viel Arbeit. Ich hatte zu wenig Mut und mir war zu heiß. Sorry.

Die 186. gute Tat: Lob für eine Fremde

Ich habe heute eine fremde alte Frau für ihr Klavierspiel in der Kirche gelobt. Vielleicht kannst du morgen auch jemanden loben? Probier es aus! Nimm dir für morgen vor, eine gute Tat zu tun. Sei wachsam für die Möglichkeiten, die sich dir bieten. Und schreib mir, ob es dir gelungen ist.

Ich dachte eigentlich, dass selbst beim Überfliegen meiner bisherigen guten Taten dem Blogleser Folgendes aufgefallen sein müsste: Geben ist seliger als Nehmen! Jedoch beging am nächsten Tag nur ein Leser eine gute Tat und schrieb mir:

Kommentar Tobi:

Habe einer alten Frau beim Arzt die Tür aufgehalten und das machen die meisten Jungs mit weiten Hosen nicht.

Dementgegen gab es mehr als doppelt so viele Kommentare diesen Monat auf der anderen Seite: von Leuten, die sich großzügig als Empfänger anboten, ganz unverblümt spezielle gute Taten forderten oder sich einen Katalog wünschten, aus dem sie sich meine guten Taten aussuchen könnten. Ts, ts, ts. Til entschuldigte sich mündlich und gebrauchte die beiden gängigsten Ausreden im christlichen Bereich, als er mir mit bedeutungsvollem Blick erklärte: „Ich hatte nicht die Freiheit zu einer guten Tat, und irgendwie habe ich auch gespürt, dass es nicht dran war."

Zurzeit war ich also noch ganz allein auf der Suche nach der selbstlosen Tat, allein auf weiter Flur. Allein auf verlorenem Posten? Ach nein, EINEN hatte ich ja auch mitlaufen ... Na ja, dieser Zustand musste sich jedenfalls ändern. Ich nahm mir vor, bald wieder einen Aufruf zu starten.

Die 188. gute Tat: Einsatz würdigen

Pam, pam, pam! Heute ist unser Auftritt. Das Projekt unserer Kirchgemeinde findet im Schauspielhaus statt. Ich schenke unserer Tanzlehrerin eine Dankeskarte für ihren Einsatz und ihr über die Maßen hinausgehendes Engagement. Das muss gewürdigt werden.

Auf frischer Tat Nummer 189: Sie hat die Haare schön

Vor einem Jahr sagte ich: „Nein, Frau Reuter, ich werde Ihre Haare nicht waschen. Da müssen Sie auf den Pflegedienst warten. Ich bin hier als Logopädin für Ihren Mann. Bitte ziehen Sie Ihr T-Shirt wieder an."

Heute sage ich: „Nein, Frau Rose, so können Sie nicht zum Mittagessen gehen!" Ihre Frisur sieht aus wie eine übliche Mischung aus Vernachlässigung und eine das Haupt von innen heraus umschwebende Wirrnis. „Warten Sie. Ich kämme Ihnen noch die Haare. Schließlich werden Sie da Ihren neuen Verehrer sehen …"

Gute Taten 189,5 und 190

Ich überweise das jährliche Kirchgeld, und zwar nicht den Studentenbetrag wie sonst immer. Auch nicht, wie kurz in Erwägung gezogen, den Betrag, der meinem Gehalt im Vorjahr entsprochen hätte.

Mein Mann sagt, es wäre keine gute Tat, als gläubiger Kirchgänger auch sein Kirchgeld zu bezahlen. Als ich ihn daraufhin frage, was denn dann heute meine gute Tat sein könnte, fällt ihm mal wieder nur etwas für sich ein: Ich könnte entweder mit ihm Computer spielen oder ihm erlauben, heute Abend das Fußballspiel zu schauen. Wir einigen uns schließlich darauf, dass ich meine Kirchgeldstory wenigstens erwähnen darf und dass wir immer mal zum Fußball schalten.

Ich hoffe, jetzt sind alle zufrieden …

Kommentar Tante Eva:

Wenn du aber jemandem hilfst, dann soll deine linke Hand nicht wissen, was deine rechte tut; niemand soll davon erfahren. Dein Vater, der das Verborgene sieht, wird dich dafür belohnen.

Matthäus 6,3-4.

Da war er: der christliche Wink mit dem Zaunpfahl. Nun galt es, eine dem Blog angemessene Ernsthaftigkeit zu beweisen. Ich wollte Tante Eva nicht vorschnell Besserwisserei und Religiosität unterstellen oder sie postwendend mit fünf Gegen-Bibelstellen bombardieren. Stattdessen wollte ich mich ernsthaft mit der Kritik auseinandersetzen.

Sie hatte recht: Ich tat Gutes und schrieb darüber. Dieses „Verhalten“ genießt weder im christlichen noch im allgemein gesellschaftlichen Bereich besonderes Ansehen. Das war mir schon klar. Ich wollte ja aber auch nicht meine Adresse in „Anbetungsstreet 3“ umbenennen oder in der besagten RTL-Sendung auftreten. Motivation für den Blog war hauptsächlich der Gedanke, die Leser könnten Lust auf gute Taten bekommen und inspiriert werden. Außerdem gefiel mir die Idee, anderen Menschen zu zeigen, wie gelebter christlicher Glaube aussehen kann, auch wenn ich darin nicht perfekt war.

Da ich mich seit meinem letzten Bin-ich-gut-genug-Tiefpunkt eh auf einem Höhenflug befand, störte mich der Kommentar nicht weiter. Ich lernte aber vorsichtshalber meine fünf Gegenbeispiel-Bibelstellen auswendig. Wenn wieder einmal jemand meiner Glaubensschwestern oder -brüder den Eindruck hatte, mich auf den rechten Weg zurückführen zu müssen, würde ich vorbereitet sein.

Die 191. gute Tat: Lächeln

Als ich am Nachmittag durch den Buchladen eines großen Einkaufscenters streife, fällt mir auf, wie viele Buchtitel mit „365" beginnen: „365 Kamasutraideen", „365 berühmte Personen, die es nie gegeben hat", „365 Häkelideen für die Hutablage"... Da würde doch der bald erscheinende Bestseller über „365 gute Taten" geradezu erfrischend originell wirken, oder?

Kurz darauf besteige ich die Rolltreppe und mein Blick streift einen kleinen Jungen mit Downsyndrom. Er lehnt an der Wand und wirft mir eine Kusshand zu. Ich lächle ihn an und winke. Am Ende der Rolltreppe schaue ich noch einmal zurück, sein Blick haftet immer noch an mir. Plötzlich streckt er langsam und sehnsüchtig wie ein Verdurstender vor einer Oase die Hand nach mir aus.

Die 193. gute Tat: Das Mädchen auf der Sommerwiese

Der Weg zu meinem heutigen „Opfer", Josephine, führt mich an prallreifen Getreidefeldern und saftgrünen Wiesen vorbei. Ich nutze die Gelegenheit und pflücke einen sommerlichen Wiesenblumenstrauß.

Alles könnte so romantisch sein, wenn die Disteln im hüfthohen Gras nicht so stechen würden. Oder wenn ich eine Schere dabeihätte und die Blumen nicht mitsamt ihren Wurzeln ausreißen müsste. Und wenn ich nicht die ganze Zeit von nervigen Autofahrern angehupt werden würde.

Minuten später stehe ich mit zerkratzten Beinen, dreckigen Händen und meinem Wurzel-Blumenstrauß vor Josis Tür. Immerhin bekomme ich von ihr ein mitleidiges Lächeln.

Die 194., 195. und 196. gute Tat: Beautiful

Unter dem Vorwand, ich sei heute ihr exklusiver Modeberater und genügsamer Tütenschlepper, locke ich meine Mutti ins Einkaufscenter. Eigentlich habe ich aber Größeres vor … Wir streifen also durch die Geschäfte, also sie streift, ich diene (1. gute Tat), bevor ich sie pünktlich 12 Uhr bei ihrem Make-up- und Fotoshootingtermin bei Yves Rocher abgebe (2. gute Tat). Sie ist total überrascht, ein bisschen aufgeregt, aber vor allem sehr zufrieden mit dem Ergebnis. Mein Papa auch (3. gute Tat).

Meine Mama Karin ist eher ein praktischer Typ. Sie trägt eine Haarfrisur, die ihr bitte niemals ins Gesicht fallen darf. Ihr Lieblingskleidungsstück ist ein bauch- und schulterfreies lila Schlabbershirt aus den 90ern. Sie trägt es nur im Garten, aber selbst dafür ist sie underdressed. Schminken findet sie umständlich, weil sie mit Brille nicht an ihre Augen kommt oder ohne Brille nicht (mehr) sieht, wo ihre Wimpern denn nun genau sind. Mein Vati gibt nicht auf und schenkt ihr hin und wieder teures Make-up oder auch mal ein Collier. Prinzipiell ist sie aber sehr offen und hätte das Schmuckstück auch getragen, wenn sich ein Anlass ergeben hätte.

Sie arbeitet neben ihrem Dienst im Missionswerk als Krankenschwester beim Kinderarzt. Sie kann sich deshalb hervorragend mit Emmi unterhalten. Meistens geht es in ihren Geschichten um Eiter,

Abszesse oder um psychische Krankheiten, die sie scheinbar wahllos unserem halben Bekanntenkreis unterstellen. Die meisten haben angeblich Borderline. Als ich ihr von der Idee mit den 365 guten Taten erzählte, schaute sie mich kurz schweigend an. Ich vermute, sie überlegte, ob ich vielleicht manisch sei. Schließlich fasste sie mich aber an den Händen und sagte: „Ich finde das eine hervorragende Idee! Kannst du mir dann immer die Haare glätten, wenn ich es will?"

Nach Dienstschluss verschwindet sie jeden Tag mit einem Kuchenpaket bewaffnet in ihren Liegestuhl im Garten oder auf die Couch im Wohnzimmer. Sie sagt, sie verstünde die Kunst des Ausruhens. Ich denke eher, es ist die Kunst des Essens, ohne dicker zu werden.

Zeit meines Lebens hat sie mir immer vorgelebt, dass Äußerlichkeiten wie ein halb-verwilderter Garten oder ein Fertiggericht nie so wichtig sind wie das Herz eines Menschen. Und dass materielle Besitztümer nie den Stellenwert in unseren Träumen erlangen sollten wie gute Beziehungen. Oder Kuchen.

Die grandiose 200. gute Tat und was ich bisher gelernt habe

„Einem richtig Fremden etwas schenken" steht nun schon lange auf meiner Liste der guten Taten. Nur wusste ich nie, wie ich es anfangen soll, ohne dabei in den Verdacht zu geraten, Drogen verticken zu wollen. Doch heute ergab sich die perfekte Gelegenheit. Gerade schlenderte ich nach getaner Arbeit durchs Treppenhaus in Richtung Park – mit Sommerkleid und Sonnenbrille und umhüllt von einem leichten Sonnencremeduft. Ich hielt ein Eis am Stil in der Hand, das ich im Park verschlemmen wollte.

Da sehe ich die neuen Mieter im ersten Obergeschoss. Sie laufen schwitzend und mit schweren Kisten bepackt die Treppen nach oben. Ich flöte ihnen ein freundliches „Hallo!“ zu. Komme nicht umhin, folgende Reaktionen nicht zu ignorieren: „Oh, ein Eis! Das wär jetzt was! Man ist mir heiß!“

Ich flitze wieder nach oben und kann immerhin zwei weitere Eis aus den Tiefen des Gefrierschrankes hervorkramen. Die Freude ist groß und die Stimmung mit einem Mal ausgelassen. Einem Fremden etwas schenken, sogar noch ein bisschen mehr: einen Fremden willkommen heißen. Abgehakt!

Was ich während der letzten 100 guten Taten gelernt habe:

1. Man ist nicht automatisch gut, man muss es sich vornehmen.
2. Im Sommer fließen die guten Taten wie Schweiß.
3. Man ist, wer man ist. Man tut, was man kann. Das genügt.
4. Die guten Taten verändern dich. Die guten Taten verändern deinen Kontostand.
5. Traurig aber wahr: Ich habe ein Mitglied der seltenen Empfänger-Spezies „Ignorant“ geheiratet.
6. Jeden Tag eine gute Tat zu tun, heißt, jedem Tag einen Sinn zu geben.
7. Es ist nie einer zu gering, dass er dir deine guten Taten nicht vergelten könnte.
8. Ein Glaube, der nicht zu guten Taten führt, ist kein Glaube.
9. So weit ist es schon gekommen: Ich freue mich darüber, dass jemand an mein Auto fährt, nur damit ich ihm großzügig vergeben kann.

10. Gute Taten sind dafür da, Liebe und Freundlichkeit zu verschwenden.

Kommentar Beate:

Hallo, Theresa,

habe heute deine Seite entdeckt und finde dein Vorhaben und deine Umsetzung echt krass. Sehr nachahmenswert! Muss ich mir mal überlegen. Hab so was Ähnliches mal in der Fastenzeit gemacht. Aber ein ganzes Jahr durchhalten ... Wahnsinn! Ich werde deinen Blog mal einer befreundeten Lektorin zeigen.

Juli: Jeder braucht mal eine Pause

**„Wer zu geschäftig Gutes tut,
hat nicht die Zeit, gut zu sein.“**

Rabindranath Tagore

Die 202. gute Tat: Leben im Gleichgewicht oder wie die halbe Stadt reicher wird

Ich freue mich, dass beim Aufwachen die Vögel zwitschern.

Ich ärgere mich, dass meine Patientin in der Therapie in einen 1000-jährigen Schlaf fällt.

Ich freue mich, dass ich eine Bekannte auf dem Markt treffe.

Ich ärgere mich, dass mir eine Fliege ins Auge fliegt.

Ich freue mich, dass die letzte Patientin absagt und ich noch eher nach Hause kann.

Ich ärgere mich, dass ich die Fenster putzen muss.

Ich freue mich, dass sie jetzt sauber sind.

Ich ärgere mich, dass die Hitze meine lang geplante gute Tat, heute mit Herrn Kreißig und Frau Rose durch den Park zu spazieren (ehrenamtlich!), vereitelt.

Ich freue mich, dass mir dann noch eine andere Idee kommt: Ich schlendere mit einem Eis bewaffnet allein durch den Park und segne jeden Menschen, dem ich begegne. Ich bitte Gott, dass er die Person mit Gesundheit segnet, mit Freude, mit Friede und … mit Geld, damit sie mein mit Sicherheit bald erscheinendes Buch kaufen können.

Kommentar Jonathan:

Seeeehr geil! Wieder ein richtig guter Blog-Beitrag!

Joyce Meyer hat wohl in einem Buch geschrieben, dass es eigentlich ganz einfach ist, Gottes Stimme zu hören. Morgens hinsetzen, die Augen schließen und dann Gott darum bitten, einem zu zeigen, welcher Person man heute etwas Gutes tun kann. Vielleicht kannst du das ja mal testen?!

Kommentar Theresa:

Ja, Jonathan, genauso mach ich das auch. Ich bete, dass Gott mir eine Person oder eine Situation zeigt. Dass er mir Aufmerksamkeit schenkt, in den Momenten, in denen meine guten Taten gebraucht werden. Alles aus eigener Kraft zu stemmen, ist anstrengend und am Ende bleibt öfter das Gefühl, es nie richtig zu schaffen oder etwas Überflüssiges getan zu haben. So bin ich entspannter und jeden Tag offen für göttliche Ideen.

Zum 203. Mal tatkräftig dabei

Heute sind 32 Grad! Zuerst hebe ich zwei Erdbeerkisten an, damit eine ältere Dame am Obststand besser an die unten liegenden frischen Früchte kommt. Doch in meinen Armen steckt noch mehr Kraft. Wer mich kennt, weiß um meine geballte Muskelpower.

Ich schleppe eine Laminatkiste für das neue Büro meines Mannes in den zweiten Stock, und noch eine, und noch eine, und einen Bürostuhl, und Schreibtischfüße und mit letzter Kraft eine Magnetbox. Mein Mann weiß meinen Einsatz zu würdigen und singt mir hingebungsvoll und sehr kopfstimmlastig ein Lied (seine Songwriter-Talente ähneln meinen):

You are the beautifulst girl in the world,
I love you all night long.
Give me a kiss
and show me your power arms.

Die 204. gute Tat:
Ich mag dich, wie du bist!

Die schokobraune Haut spannt sich über dick aufgeblasene Muskeln, die Adern treten geschwollen, pulsierend hervor. Die Rede ist nicht von meinem Freund Til, sondern von einem Proteinshake-Model auf einer Postkarte. Ich klebe Tils Kopf einfach auf den Muskelbody und schreibe hinten drauf: „Du bist schön!"

Das war natürlich nur ein Witz! Til – ich find dich gut, so, wie du bist, mit Narbe, verschwitzter Gitarre und deiner „Limper" (Wimper, die aus dem oberen Augenlid wächst). Und schließlich hast du keine zusammengewachsenen Fußzehen wie manch andere Bandmitglieder.

Die 206. Tat: Unverdient und undankbar

„Mist, jetzt haben wir uns mal wieder an der falschen Schlange angestellt", höre ich die Frau hinter mir zu ihrer Mutter gackern. „Das dauert bestimmt noch ewig", stöhnt sie ärgerlich und beäugt meine Einkäufe kritisch. Ich könnte sie vorlassen, aber wenn sie so rummotzt, hat sie es nicht verdient. Es ist echt heiß, ich bin gereizt und will endlich nur nach Hause. Trotzdem gewinnt mein Gute-Taten-Herz mit schier unmenschlicher Kraft die Oberhand. Ich biete ihr freundlich den Vortritt an. „Nein, also das ist nicht nötig", lächelt sie unschuldig. „Aber wer wartet schon gerne?"

Bitte, dann eben nicht (und damit sind meine Gedanken höflich umschrieben).

Die 207. gute Tat: Inspiration

Heute verbrachten wir zusammen mit meiner alten Schulfreundin Marie und ihrem Freund einen tollen Abend. Die 365 guten Taten waren natürlich neben Traumbeherrschung und dem Recycling von Mega-Frachtschiffen ein Thema. Marie ist auch eine treue Leserin … Alle haben überlegt, was für eine gute Tat sie mal tun könnten. Schließlich hat ihr Freund Peter ihr versprochen, mit ihr in einen Film ihrer Wahl zu gehen (ich werd das nachprüfen), und Marie hat beschlossen, sein bisher durch sie unterdrücktes Hobby, Vogelstimmen zu imitieren, zu akzeptieren. Und somit ist es auch eine gute Tat, jemanden zu einer guten Tat zu inspirieren.

Ich hoffe, ihr seid alle inspiriert genug. Bald müsst ihr nämlich als meine Urlaubsvertretung einspringen. Mehr dazu morgen.

Die 208. Tat: Klasse Aussichten

Die Puplic-Viewing-Gemeinde löst sich nach dem Spiel zügig auf. Die Fans trollen sich wie geprügelte Hunde davon. Die letzte Vuvuzela verhallt im Wind. Mein Mann und ich sitzen noch immer am Biertisch, Til in unserer Mitte. Er stützt den Kopf in seine Hände und bestellt noch einen doppelten Ginger Ale. Wir schweigen. Ich kann nicht fassen, dass ich Til in der 70. Minute quasi gedrängt habe, mit mir den Platz zu tauschen, damit er eine bessere Aussicht hat (ich brauchte noch eine gute Tat). Klasse Aussichten waren das.

Ihr seht, die Taten-Power verlässt mich langsam. Ich werde ab Freitag für 14 Tage im Urlaub sein. Es ist fast ein missionarischer Hilfseinsatz-Urlaub, bloß ohne missionarische Hilfseinsätze. Doch jetzt kommt ihr ins Spiel: Ich würde mich freuen, wenn sich jeder Blogleser in den 14 Tagen mindestens eine gute Tat vornimmt und in der Kommentarspalte über die Umsetzung berichtet. Die Welt wartet jetzt auf euren Einsatz!

Die 209. gute Tat: Ich brauch ’ne Pause

Schaffe es mit letzter Gute-Taten-Kraft, meiner Tante ein Geschenk zur Geburt ihres neuen Babys vorbeizubringen: ein Babyhandtuch – schon gewaschen – der Renner bei Müttern!

Später im Fahrstuhl drücke ich schnell den Tür-zu-Knopf, ich motze meinen Mann an, dass er sich in der falschen Kassenschlange angestellt hat, und überfahre mit dem Fahrrad alle roten Ampeln, obwohl mich Kinder sehen … Kurz: Die Luft ist raus. Ich brauch ’ne Pause. Zum Glück seid ihr da. Ich würde mich freuen, wenn jeder meiner Leser während der nächsten 14 Tage nicht etwa nur an mich denkt, wie ich mich mit tausend Eistüten und einem Ölboy auf dem Gute-Taten-Vorsprung ausruhe, sondern eine gute Tat vollbringt und dann in der Kommentarspalte darüber berichtet. Also: Blog zu Ende lesen, und los geht’s!

Nachdem ich so eindringlich darauf hingewiesen hatte, dass die Leser von jetzt an meine Urlaubsvertretung waren, packte ich beruhigt meine Koffer. In 187 Tagen hatte ich bisher 209 gute Taten vollbracht, weil sich in den Sommermonaten so viele Möglichkeiten ergeben hatten. Ich konnte also sogar mehr als beruhigt meine Koffer packen. Elba, ich komme! Ich warf einen vernichtenden Blick in Richtung Laptop und konnte das wohlige Gefühl nicht unterdrücken, die nächsten 14 Tage nur an mich denken zu können. Nützlich zu sein war toll, klar! Aber es war ebenso erfreuend, nicht unentbehrlich zu sein. Und noch erfreuender, dass ich im hintersten Winkel des verlassensten Strandes an nichts denken musste, nichts leisten musste und meine Augen (ver)schließen konnte.

Und Elba hielt, was es versprach. Von unserem kleinen Hotel in den Bergen hatten wir einen herrlichen Ausblick auf die Insel. Jeden Abend saßen wir auf der Panoramaterrasse, aßen Unmengen Pasta und Pizza, tranken Wein und staunten, wie die Sonne blutrot im Meer versank. Tagsüber erkundeten wir die verschiedensten Strände. Ich schnorchelte viel und beobachtete die Lichtreflexionen der Sonnenstrahlen auf dem weißen Sandboden des Meeres. Ich ließ mich treiben. Und ich begann, die Zeit loszulassen, die Tage, die Stunden, die 365 guten Taten. Die Gefühle pendelten sich von den Höhen und Tiefen des Alltags auf eine entspannte Mittellage ein. Traurigkeit, Sorgen, Enttäuschungen, aber auch Freude oder Aufregung betteten sich und die Dankbarkeit erwachte. Langsam entspannte ich mich. Ich wollte nichts, ich musste nichts, ich konnte einfach sein. Ich genoss die Freiheit und ich genoss die Liebe. Und so kam es, dass ich mich gegen Ende des Urlaubs in aller Herrgottsfrühe auf den kalten Fliesen unseres Badezimmers wiederfand – den Schwangerschaftstest in der zitternden Hand.

„Christoph, Christoph, ich habe eine Überraschung!", rief ich aufgeregt und rannte ins Schlafzimmer. Mein Herz raste. „Ich bin schwanger!" Merkwürdig, wie fremd und schwerfällig mir die Worte über die Lippen kamen. Vielleicht, weil ich sie so noch nie gesagt hatte. Er schreckte hoch, seine Augen weiteten sich und er sagte: „Echt jetzt? Hä? Was?"

„Der Test ist positiv!", rief ich und wedelte mit dem Applikator. Langsam schienen meine Worte zu ihm durchzudringen. Er sprang auf, nahm mich in die Arme, schaute mich mit aufgerissenem Mund an, doch es entwich kein Laut. Er hatte Tränen in den Augen. Wir konnten es beide nicht fassen, wir hatten uns ein Baby gewünscht, ja, aber jetzt schien alles so unwirklich. Bald wie ein Traum, bald wie ein Scherz, der sicher gleich aufgelöst werden würde. Wir sprachen ein Gebet für Schutz und Gesundheit. Ich schrieb in mein Tagebuch: „Jetzt beginnt die schönste Zeit meines Leben!" Das sollte die grandioseste Fehleinschätzung sein, die ich jemals getroffen hatte ...

Was währenddessen geschah ...

Kommentar Jonathan: Heute schreibe ich dir meine erste gute Tat. Sie heißt: „Weltmeisterschaftssieg in Südafrika".

Ein Jahr lang war Jochanan in Spanien und jetzt, ganz plötzlich, der Anruf: Er ist wieder in der Stadt und wir müssen uns sehen! Er ahnte nicht, dass meine Gute-Taten-Gun bis zum Anschlag geladen war, um endlich den entscheidenden Treffer zu landen. Für mich eine willkommene Einladung!

Nach dem unter Männern üblichen „Begrüßungsaustausch" über den Status quo des Sexuallebens kamen wir zum Smalltalk und klärten, wie es ihm geht, wie der Flug war und wie es jetzt wohl für ihn weiterläuft. Danach verwöhnte ich ihn mit leckerstem Eiskaffee, Obstsalat und den saftigsten holländischen Steaks, die mein südafrikanischer Kühlschrank zu bieten hatte. Doch die größte gute Tat sollte erst noch kommen.

Howard Webb, meine Freunde, – Schiedsrichter des heutigen Final-Spiels und mein persönlicher Facebook-Freund –, verhalf mir zur guten, nein, BESTEN Tat der Stunde und überließ den Spaniern auf meine Bitte hin den Weltmeistertitel. Das nenn ich mal eine gute Tat für Jochanan! Grund genug, ihn noch auf ein Bier einzuladen.

Ich habe einen guten Freund glücklich machen können. Ich fühl mich gut!

Kommentar Maria:

Meine gute Tat: Sitzen ist Silber, Stehen ist Gold. Als gute Urlaubsvertretung habe ich es mir natürlich nicht leicht gemacht, eine passende gute Tat zu finden. Dabei liegt die Antwort doch wie immer so nah. Ich fahre jeden Tag eine Stunde mit dem Zug zur Arbeit. Wie gewohnt hatte ich mir auch an diesem Morgen zielsicher, wendig und schnell einen Sitzplatz ergattert. Die Bahn war wie immer brechend voll, sogar die Gänge waren mit Koffern und Pendlern verstopft. An der nächsten Haltestelle stieg eine ältere Dame ein. Das war meine Chance! Ich bot ihr mutig meinen Platz an, reihte mich in die stehenden Menschen ein und fühlte mich gut. 15 Minuten später nicht mehr ganz so gut, 30 Minuten später ausgenutzt, 45 Minuten später echt schlapp. Niemand stieg aus. Erst zwei Haltestellen vor meinem Ziel wurde ein Platz frei. Auf diesen setzte ich mich wie eine brütende Henne und versuchte, die verbleibenden 5 Minuten für körperliche und nervliche Entspannung zu nutzen, um einigermaßen kraftvoll in den anstehenden Arbeitstag starten zu können.

Ich weiß nicht, wie du das jeden Tag mit den guten Taten schaffst, liebe Theresa. Eins ist wohl sicher: Du hattest dir deinen Urlaub reichlich verdient.

Kommentar Til:

Um ehrlich zu sein, war ich über meine passive Rolle als Leser dieses Blogs bis jetzt ganz glücklich. Die indirekte Unterstützung der „Gute-Taten"-Szene in Deutschland (mit Klicks, Kommentaren und einem Lesezeichen in meinem Browser) würde ein friedliches „Mein-Leben-war-sinnvoll"-Ableben im Sterbebett garantieren, so nahm ich an. Aber wenn unsere soziale Speerspitze Theresa zur Aufbaukur entschwindet, wechsle ich gerne in die Abteilung

„Aktiv". Gezeichnet und verängstigt von so manch peinlicher bzw. schiefgegangener Aktion unserer Blogerstellerin ging ich die ersten Tage lieber jeder Möglichkeit für gute Taten aus dem Weg. Dass ich dann doch diese Zeilen hier schreiben kann, verdanke ich der Gutscheinaktion einer großen Fast-Food-Kette ... und meinem heldenhaften Mut. Durch regelmäßige Besuche in diesem „Tempel der gesunden Ernährung" gewann ich kleine Wertmarken über einen Cheeseburger, eine Apfeltasche und ein Eis mit Karamellsoße.

Ich saß die Tage in dem Restaurant, Burger und Apfeltasche bereits verschlingend – und sah diesen Mann. Einen Obdachlosen, der sich in die klimatisierten Räume des Fast-Food-Ladens gerettet hatte. Draußen war es selbst im Schatten nicht auszuhalten. Nach langem Überlegen sammelte ich all meinen Mut und gab dem Mann meinen letzten Gutschein. Ehe mein „Opfer" auch nur irgendeine Reaktion zeigen konnte, war ich bereits vom Tatort geflohen.

Fazit: Ich bin ein Weichei. Aktive gute Taten fühlen sich aber gut an. Und: Theresa, bitte brich deinen Urlaub ab und komm zurück!

Kommentar Merlin:

Da ich in der Prüfungszeit leider nicht die Muse habe, meine guten Taten so witzreich und blumenreich auszuformulieren, wie es in diesem Blog gang und gäbe ist, werde ich sie natürlich dennoch zum Besten geben. Apropos Prüfungen: In einer war der „Altruismus" ein großes Thema, ist ziemlich interessant und passt hier sehr gut rein! Im Grunde genommen ist „Altruismus" der Dienst am anderen, ohne selbst davon, im weitesten Sinne (!), zu profitieren. Wenn man seine guten Taten so reflektiert, ist aber trotzdem fast alles irgendwie, Achtung: „mutualistisch". So habe ich meine Freundin zum Essen eingeladen. Sicher passiert so was aber natürlich auch mit dem unterbewussten Wunsch, ihre Gunst aufrechtzuerhalten, und zack, schon ist es nicht mehr altruistisch (uneigennützig). Aber egal, so genau muss man es ja mit den Definitionen nicht nehmen. Eine gute Tat war es trotzdem.

Des Weiteren habe ich im Bus unaufgefordert Licht ins Dunkel gebracht, als zwei Damen die Linie herausfinden wollten, in welche sie umsteigen mussten. Das war schon eher altruistisch, allerdings keine große Sache.

Dass ich die Wäsche für Jonathan gewaschen, aufgehängt und zu ihm transportiert habe, sehe ich vielmehr als „das Mindeste" an, zumal er parallel etliche Stunden damit zugebracht hat, meinen Rechner wieder flottzumachen.

Merke: Es fällt gar nicht so leicht, vollkommen uneigennützig zu sein, selbst wenn man es will. Zumindest hoffe ich, dass ich zur Tilgung deiner „Urlaubs-Aussetz-Taten" beitragen konnte.

Kommentar Theresa:

Ich danke allen, die sich beteiligt und ihre tollen Storys hier veröffentlicht haben! Feierlich nehme ich euch hiermit in den altruistischen Kreis der Gutmenschen auf!

Für dieses Jahr hatte ich mir vorgenommen, jeden Tag eine gute Tat zu tun. In vergangenen Jahren lauteten meine Vorsätze am Silvesterabend eher: „Mehr Pausen einbauen", „Pausen bewusster genießen" oder „Nie mehr Lila Pause essen".

Ich wusste um das Geheimnis von Pausen. Dass sie Kraft schenken, einen klareren Blick eröffnen und einfach guttun. Jeder braucht mal eine Pause. Schüler haben ihre Hofpause, Fußballer die Halbzeitpause und Kinder öfter mal Sendepause. Ich hatte meine Sommerpause, und das mit gutem Recht. Ich musste nicht pausenlos gut sein.

Und schon gar nicht, wenn ich so viele „Mitwisser" hatte, die zu „Mittätern" geworden waren. Gut, „so viele" war vielleicht etwas zu enthusiastisch ausgedrückt, es waren ja nur vier. Nichtsdestotrotz: Als ich aus dem Urlaub zurückkehrte und die Berichte las, freute ich mich über meine Mitstreiter. Ich fühlte mich und meine Idee genügend gewürdigt. Ich fühlte mich von dem guten Essen Italiens gestärkt und ganz im Allgemeinen tatkräftiger als zuvor. Und so startete ich aus der Ruhe in den Sturm.

Die 210. gute Tat: Jäh herausgerissen und doch voll einsatzbereit

Jäh aus dem Zustand des genussvollen Nichtstuns herausgerissen, werde ich heute, knapp zwölf Stunden nach unserer Heimkehr, schon wieder voll in Anspruch genommen.

Bin mit meiner Mutti auf einen Wiedersehens-Kaffee im Einkaufscenter verabredet. Beim Treffpunkt angekommen, entschuldigt sie sich: Sie habe leider noch ein paar Erledigungen zu machen, müsse („nur mal kurz") zu Aldi und außerdem noch ein Geschenk für ihren Bekannten zum 50. Geburtstag besorgen. Wie wäre es, wenn ich mich um das Geschenk kümmere und sie („wirklich nur mal kurz") zu Aldi ginge? Ich habe ja viele Talente, aber Geschenke zum 50. Geburtstag(!) für einen Mann(!) zu suchen, gehört definitiv nicht dazu. Aber wenn's eine gute Tat ist (zum Glück kann ich von der Urlaubsgelassenheit noch zehren) … Ich kaufe einen Fotokalender, eine knalllila Krawatte und eine riesige Bruchschokolade. Später genießen wir unsere Cappuccinos. Alles ist wieder in Ordnung, als ich verträumt und ausführlich von dem türkisblauen Wasser Elbas erzählen kann.

Ich bin wieder da. Niemand kann mich aufhalten. Scheinbar schaffe ich alles.

Die 211. gute Tat: Zu gut für diese Welt

Habe also jede Menge neuer Gute-Taten-Ideen im Gepäck. Außerdem verklebte Schokonüsse, dreckige Wäsche und zwei Flaschen einheimischen Weines. Letztere verteile ich heute als Mitbringsel an Eltern und Schwiegereltern. Alles andere schicke ich an Stern-TV, damit sie es in der jährlichen Koffer-Sendung versteigern können …

Die 212. Tat: Einen Fehler wirklich nicht anrechnen

Als 38. gute Tat hatte ich im Februar meiner alten Freundin Katja einen aus meiner Sicht tonnenschwerwiegenden Fehler verziehen. Notgedrungen, weil es sich irgendwie im Jahr der guten Taten nicht umgehen ließ. Außerdem hatte ich gerade aus Krankheitsgründen nicht so viele Möglichkeiten für überirdische Taten. Seitdem herrscht wieder Friede, aber wir haben die Freundschaft nicht wiederaufgenommen.

Heute ist ihr Geburtstag. Eigentlich wohnt sie in München, ist zur Geburtstagsfeier mit ihrer Familie aber in unserem Dorf zu Besuch. Ich pflücke einen Blumenstrauß und laufe zu ihr rüber.

Einen Fehler nicht anzurechnen, heißt nicht nur, jemandem zu vergeben, sondern direkt bei Null anzufangen. Ich und du, auf Augenhöhe. Und zwischen uns der Blumenstrauß – leider schon mit hängenden Blättern, aber wer weiß, vielleicht wird's ja wieder?

Mein Vati fühlt sich inspiriert und läuft gleich mit der Gitarre zu ihr rüber, um ihr ein Geburtstagslied zu singen. Übertreiben muss man es ja nun auch wieder nicht …

Die 213. gute Tat und was einem die guten Taten nützen

Durch eine vor-urlaubliche Verwirrung habe ich während meines Urlaubs eine Therapie von zwei verschiedenen Therapeuten vertreten lassen. Das heißt, eine der beiden hat sich die Zeit völlig umsonst freigehalten und vergeblich gewartet. Man merkt ihrer Reaktion deutlich an, dass ich ihr dieses Jahr schon ein Eis, ein Stück Marzipantorte, ein Stück Zupfkuchen, eine Topfpflanze und einen Blumenstrauß geschenkt habe, für sie eine Stunde übernommen und ihr einen Patienten übermittelt habe. Sie lächelt also und winkt ab. Scheinbar kann ich mir auch mal einen Fehler leisten. Aber wer wäre ich, wenn ich mich auf diesem Gute-Taten-Polster ausruhen würde: Ich schenke ihr eine Tüte Gummibärchen und schreibe „Sorry".

Die 215. gute Tat: Komm heute in meiner Mittagspause vorbei!

Meine ehemalige Praktikantin fragt mich am Telefon, ob ich die Mentorin für ihre Bell (= große Hausarbeit als Ersatz für eine mündliche Abiturprüfung) zum Thema „Leserechtschreibschwäche" sein könnte? Ich soll ihr Konzept überprüfen, Material aushändigen und alles Korrektur lesen. Ehrlich gesagt, habe ich keine Ahnung, wer sie ist, und spontan fällt mir als einzig plausible Antwort nur ein: „Warum sollte ich?"

Stattdessen, die guten Taten als schwebendes Damoklesschwert über mir, sage ich: „Ja, natürlich, das mache ich gern. Komm doch heute in meiner MITTAGSPAUSE vorbei! Nein, das macht mir wirklich keine Umstände."

Die 216. gute Re-Tat

Unsere Nachbarin hat während unseres 14-tägigen Traumurlaubs unsere Pflanzen versorgt. Einige sehen jetzt sogar besser aus als vorher. Ich klingle heute bei ihr und überreiche ihr eine kleine Schachtel Pralinen.

Gut, zugegebenermaßen war das „nur" eine Re-Tat. Würden jedoch alle Menschen auf der Welt Re-Taten begehen, entstünde ein nicht enden wollender Kreislauf von Freude, Lachen, Dankbarkeit und Wertschätzung. Also nicht, dass ihr denkt, ich propagiere das Zurückgeben von guten Taten nur, weil ich selbst schon 215 getan habe und mir somit goldene Zeiten bevorstünden. Ernsthaft: Ich glaube echt, es könnte was dran sein. Also, wer hat euch schon mal etwas Gutes getan? Gebt es ihm/ihr/mir zurück!

Klappe 217 und 218: A-N-N-A

Es war wirklich ein schöner Junggesellinnenabschied, mit dem Anna mich letztes Jahr überraschte. Wenn man von dem winzigen Detail absieht, dass der engagierte Fotograf nicht kam, weil er einen Tag vorher wegen kinderpornografischer Bilder verhört wurde, und die angezündeten Himmelslaternen beinahe auf einem Balkon gelandet wären.

Anna ist gerade zu Besuch in Chemnitz. Ich schreibe ihr eine kleine Dankeskarte und verstecke sie in ihrer Reisetasche. Schließlich ist alles besser, als mit einem Bauchladen und dämlichen Klamotten durch die Stadt zu ziehen.

Die „Engagierte" schläft heute bei uns (aber nur, weil es mir wirklich keine Umstände macht). Sie hat sich dazu überreden lassen, als ich sagte, ich bräuchte eh noch eine gute Tat. Dann hat sie mir Zahnpasta geliehen und damit sofort das Re-Taten-Prinzip des gestrigen Blogs verstanden.

August: Ungeahnte Herausforderungen

„Auf dem Weg durchs Leben kann man den Wind nicht immer im Rücken haben." Irisches Sprichwort

Klappe die 221: Knoblauch in der Sauna

Als echte Sauna-Liebhaberin besuche ich natürlich auch im Sommer die Sauna.

Es ist 21.30 Uhr: der letzte Aufguss vor der Schließzeit. Ich freue mich, dass außer mir niemand in der finnischen Sauna sitzt. Ich schließe die Augen und entspanne. Die Aufgussdame kommt herein und sagt: „So, herzlich willkommen zum Knoblauchaufguss!"

KNOBLAUCH???

Erschrocken öffne ich die Augen und sie stammelt betreten: „Ich habe ihn extra für Sie eingemacht, sonst ist hier ja keiner."

„Ach so, na dann", sage ich gespielt ermutigend, „fangen Sie mal an!"

Wenn ich nicht wirklich eine Sauna-Liebhaberin durch und durch wäre, hätte ich nach diesem „Geruchserlebnis" sicher nie mehr den Wellnessbereich der Schwimmhalle betreten. War das widerlich!

Die 222. gute Tat: Braucht mich die Band nicht mehr?

Zur Entlastung meines Mannes (ha!) übernimmt ab heute Martin, der Gitarrist der Band, den anfallenden Briefverkehr und die damit verbundenen Postgänge. Sinnend, fast ratlos bleibe ich zurück. Was soll ich jetzt tun? Werde ich unter diesen Umständen die 365 guten Taten überhaupt vollenden können?

Ich überwinde das Tal der Ratlosigkeit und bringe den Kurfürsten Kekse in den Proberaum. Der überwiegende Teil der Jungs freut sich. Einzig Jonathan bescheinigt mir keine gute Tat – er hat von seinem neuen Spitznamen „Kugelfürst" gehört und macht jetzt eine Diät. Sag mal, Kügelchen, warum gehst du nicht ab heute zur Post?

Die 223. gute Tat: Sie geht in Flammen auf ...

Vor der 223. guten Tat jährte sich unsere Hochzeit zum ersten Mal. Wenn ich an das vergangene Fest zurückdenke, erscheint mir alles im wahrsten Sinne des Wortes wie von Rauchschwaden verdeckt. Wir hatten eine gigantische Hochzeit geplant, wobei nicht eigentlich die Hochzeit gigantisch war, sondern eher die Planung. Je mehr Details wir bedachten, umso sicherer fühlten wir uns. Zum Beispiel hatten wir extra für den Fall, dass die

CD-Anlage das Lied zum Einmarsch nicht abspielen konnte, eine Notfall-Kassette und einen Notfall-Rekorder bereitgestellt. Ganz kurz hatten wir sogar mit dem Gedanken gespielt, ein Notstromaggregat zu besorgen: für den Fall, dass der Strom gerade dann ausfällt, wenn ich als Braut feierlich in die Kirche einziehe.

Ich hatte gelesen, dass das Wichtigste bei den Hochzeitsvorbereitungen die Auswahl der Ringe ist, weil man sie ein Leben lang behält. Meiner Meinung nach war aber eindeutig das Kleid das wichtigste Hochzeitselement. Es sollte auf keinen Fall irgendein Kleid sein, sondern DAS Kleid schlechthin. Es sollte klassisch, jungfräulich, geheimnisvoll sexy, außergewöhnlich präsent, hochwertig verarbeitet und einzigartig opulent sein. Ich wollte nicht nur ein schnödes Kleidungsstück tragen. Nein, das Kleid und ich sollten eins sein.

Die Sonne schien strahlend an dem warmen Spätsommertag, als ich mit meinem Traum von rosa und Tüll zu einem einwandfreien CD-Sound in die Kirche schritt. Ich sah alle Freunde und unsere Familien in den Kirchenbänken. Chris wartete vorn am Altar auf mich. Alle strahlten und ich wohl am meisten. Der perfekte Moment.

Und dann das! Die Treppe zur Galerie in unserem Festsaal war mit Teelichtern geschmückt. Ohne mir meines neuen Tüll-Umfanges bewusst zu sein, stieg ich die Stufen nach oben. Plötzlich nahm ich einen verkohlten Geruch wahr. Das war doch kein Teil unseres Geruchskonzeptes. Ich blickte zurück. Nein! Mein Kleid stand in Flammen! Ich stand in Flammen!

Geistesgegenwärtig kam meine Schwägerin angerannt und löschte das Feuer, indem sie wie wild mit ihren High Heels auf meiner Schleppe herumtrampelte. In meinem Kleid klaffte nun ein großes schwarzes Loch!

Es war 18 Uhr und ich beschloss spontan, die Feier zu verlassen, um mich weinend zu Hause aufs Bett fallen zu lassen. Ich hatte das Kleid ja nur geliehen und musste es dem Brautladen jetzt sicherlich abkaufen. Das würde mich ungefähr 700 Euro kosten. Dem Zusammenbruch nahe, stürmte ich in Richtung Ausgang. Dort lief ich meinem Vati in die Arme. Er nahm meine Hände, sah mich an und rettete mich mit einem einfachen Satz: „Du siehst heute wunderschön aus!" Ich schluckte meine Tränen runter, ging zum Fest zurück und freute mich, den Leiter des Berufungsseminares „Ermutigen nach Strich und Faden" zum Vater zu haben.

In meinem Blog schrieb ich:

Ich weiß noch genau, wie mein Vati kurz nach dem spektakulären Brautkleidbrand auf mich zukam. Mit seinen ermutigenden Worten gab er mir die Rückendeckung, die ich als Brandopfer mit kaputtem Kleid brauchte, um mich selbstbewusst wieder ins Getümmel stürzen zu können.

Heute rufe ich bei ihm an und bedanke mich dafür.

Ich weiß übrigens auch noch genau, welche Personen den ganzen Abend unheimlich komische Witze rissen, wie: „Du bist eben echt heiß", oder sangen: „Du gehst in Flammen auf, du gehst in Flammen auf …" Und ich möchte an dieser Stelle noch einmal offiziell sagen, dass ich das Buch „Die Feuerbraut" schon mehrfach geschenkt bekommen habe und keine weiteren Exemplare mehr brauche. Danke.

Kommentar Jonathan:

Ja ja, war das schön, als dir damals zur Hochzeit ein Licht aufging. Du warst eben Feuer und Flamme für die ganze Sache und selbst nach einem Jahr brennt es den Leuten förmlich auf der Zunge, schlechte Witze über dieses Erlebnis zu machen – es hat sich echt festgesetzt im Gedächtnis. Sozusagen eingebrannt.

Die 224. gute Tat: Fit und Vital

Habe einen kleinen Artikel für eine Zeitung über mein Experiment geschrieben. Heute erhalte ich die druckfrische Ausgabe sowie eine Packung „Fit & Vital Tee: Für neuen Schwung und Elan" als Dankeschön der Redaktion. Als ob ich diesen nötig hätte!

Ich trinke aber sogleich eine Tasse und bemerke die Wirkung sofort. Werde magisch von der Spenden-für-Pakistan-Seite angezogen und tippe 1 0 0 0 … STOPP! Schnell lösche ich die letzten zwei Nullen. Mit Schwung und Elan in den finanziellen Ruin, nein danke!

Die 228. gute Tat: Ihm fehlen die Worte

Befinde mich im Pflegeheim bei meinem Patienten Herrn Eckardt. Schon seit März diesen Jahres üben wir das Schlucken. Das Sprechen eigentlich auch, aber bisher hat er noch kein Sterbenswörtchen zu mir gesagt.

Heute üben wir das Führen des Löffels zum Mund. Alle Pfleger sagen, das wäre sinnlos. Aber ich versuche es trotzdem: „Ja, ja, noch etwas höher", rede ich ihm zu.

Der agile Zimmernachbar, Herr Löffler, fragt irritiert: „Was soll ich denn höher nehmen?"

„Nicht Sie, Herr Löffler, ich rede mit Herrn Eckardt!"

Mein Patient schafft es mit großer Anstrengung tatsächlich, und ich lobe ihn: „Das haben Sie aber toll gemacht!"

„Oh danke!", flötet der mal wieder nicht angesprochene Herr Löffler. Ich verdrehe die Augen und wende mich wieder meinem Patienten zu. Und das erste Mal seit drei Monaten sieht er mich mit wachen Augen an. Dann sagt er ein Wort. Ein richtiges Wort! „Tschüss."

Naja, immerhin.

Betäubt

Heute lebe ich mit den Konsequenzen der 174. guten Tat – habe jetzt sechs Praktikumswochen lang das Mädchen und ihren kalten Rauchgeruch um mich. Bin vorübergehend betäubt, lasse mich von meiner Freundin zum Eisshake einladen – das war's. Keine guten Taten.

Die 229. gute Tat: Dosenkunst

Es gibt Künstler, die Dosen aus Supermärkten klauen, ein Kunstwerk draufmalen und sie dann zurück ins Regal stellen. Ich lasse mich für meine heutige gute Tat davon inspirieren.

Ich kaufe (!) eine Dose Schältomaten, schreibe „Du bist schön!" drauf und bringe sie in den Laden zurück. Zum Glück hat mich dabei niemand beobachtet. War schon ein bisschen aufregend. Also, wer findet die Dose?

Die 230. gute Tat: 18 Fotos

Gestern war der 18. Geburtstag meiner Schwester Elif. Ich war im siebten Marzipantortenhimmel und habe den Blog mal wieder erfolgreich verdrängt. Obwohl ich so eine gute Tat vollbracht habe: Emmi und ich überreichten eine liebevoll gebastelte, 2,2 m lange Collage über Elifs bisherige Lebensjahre – jedes Jahr ein Foto. Mein Opa wünscht sich jetzt auch eine.

Die Party war ein echter Hit! Am Abend kamen viele Freunde· Schulfreunde, ihre beste Freundin Franzi natürlich und auch Ben, ihr Neuer. Wir saßen vergnügt am Feuer und mein Vati konnte mal wieder nicht davon abgehalten werden, seine Gitarre zu zücken. Wir lachten und tranken. Auf einmal wurde es ganz still, als Ben aufstand und sich verlegen räusperte. „Liebe Elif!", begann er, „ich habe ein Gedicht für dich geschrieben, welches ich jetzt vortragen möchte." Ach toll, ein Junge, der Gedichte schrieb. Ich war schon jetzt gerührt.

„Alles Gute heut zu deinem Tag,
ich wollt nur sagen, dass ich dich mag.
Unsere Liebe währt nun schon ein halbes Jahr,
die Zeit mit dir war einfach wunderbar.

Ich sah dich, es war kalt, nass und verschneit,
doch unser Lächeln, das war breit!
Du strichst dir eine Strähne aus dem Gesicht,
und unsere Lippen trafen sich dicht an dicht."

Toll, toll! Ich warf meiner Schwester einen Anerkennung bekundenden Blick zu. Doch es ging noch weiter:

„Seitdem sind wir uns so vertraut
und deswegen schenk ich dir heut ein Stück meiner ... Haut!“

WAS? Oh nein! Stolz zeigte er allen seine Wade, auf der ein neues Tattoo prangte: „ELIF“ stand dort großgeschrieben. Inklusive Herz und Pfeil! Ich fiel fast vom Stuhl – und Elif ihm um den Hals.

Klappe die 232., 233. und 234.: Die Flut

Flut-Soforthilfe (232). Vom lauten Getöse des überquellenden Wassers aufgeschreckt, laufen alle Familienmitglieder noch halb im Schlafanzug in den Keller und in das Waschhaus. Barfuß versuchen wir, im eiskalten Wasser in Windeseile alle herumliegenden Sachen in Sicherheit zu bringen und die Pumpen anzustellen. Ich renne nach Schläuchen, Scheren, Strick, Hammer. Ich bringe ständig neuen Tee für alle Helfer und ich rufe beim Nachbarn an. Er scheint immer noch zu schlafen und sollte dringend sein Auto umparken.

Sekt-Frühstück am selben Tag (233). Blöderweise hatte ich es schon lange angekündigt: Heute will ich mich um das Frühstück kümmern, es soll Sekt und leckere Törtchen geben. Während meiner Fahrt zum Bäcker kann ich wenigstens auch mal ein wenig „Katastrophen-Sightseeing“ betreiben. Der Regen lässt langsam nach und wir stoßen an.

Aufräumarbeiten am nächsten Tag (234). Werde heute den ganzen Tag damit beschäftigt sein, die Schäden der Flut im Haus meiner Eltern aufzuräumen. Das Grundwasser hat den Boden in einem Kellerraum aufgebrochen. Da kann ich heute glatt mal für mich selber spenden.

Das Haus meiner Eltern steht an einem Fluss, der die meiste Zeit des Jahres nur durch sein sanftes Plätschern und die süßen Entenküken in unser Bewusstsein dringt. Bei kräftiger Schneeschmelze oder lang anhaltenden Niederschlägen verwandelt sich das Gewässer jedoch in einen braunen, tosenden und reißenden Strom.

Es war Samstag gegen sechs Uhr. Da wurden wir im Gästezimmer meiner Eltern von lauten Rufen geweckt: „Kommt schnell, helft schnell mit!“, rief mein Vati im Treppenhaus. Wir sprangen aus dem Bett und flitzten nach unten. Gummistiefel hatten wir keine. Sie wurden alle im Keller gelagert und trieben nun bereits in der braunen Soße umher. Als wir barfuß im eisig kalten Wasser die Pumpen installierten, bot sich uns ein altbekanntes Bild: Der Wasserpegel stand zwei Millimeter unterhalb der Heizungsanlage, die auf Podesten erhöht war. Mein Vati war kurz vor einem Nervenzusammenbruch. Er hatte die Heizung ja schon 2002 an die Flut verloren und einen nicht unerheblichen finanziellen Schaden erlitten. Alle waren hektisch, angespannt und gestresst. Niemand verstand, warum ich unbedingt gerade heute, unter diesen Umständen, ein festliches Familienfrühstück erzwingen wollte. Doch es musste sein und zwar aus einem bestimmten Grund: Ich war jetzt in der 8. Schwangerschaftswoche. Ich hatte ein erstes entzückendes Ultraschallbild und das dringende Bedürfnis, meine Eltern endlich mit der guten Nachricht zu überraschen.

Der Regen ließ langsam nach und das Frühstück konnte beginnen. Als mein Vati dann auf seinen Platz am Küchentisch zusteuerte und das Tischkärtchen „Opa Mario“ las, war sein Nervenzusammenbruch in greifbare Nähe gerückt. Er fasste sich an sein Herz und ließ sich schlammverschmiert auf den Stuhl fallen. Meine Mutti starrte ein paar Sekunden auf ihr Namensschild „Oma Karin", bevor auch sie zusammenbrach. Aber sie sprang sogleich mit erhobenen Händen wieder in die Luft und rief: „Welch eine Freude!"

Es war ein wunderbarer Augenblick, der sich tief in unser aller Gedächtnis eingebrannt hat. Freude und Leid lagen für uns alle noch nie so spürbar nebeneinander. Wir stießen mit Sekt an (ich natürlich alkoholfrei) und aßen von dem reichhaltigen Frühstückstisch. Alle schnatterten aufgeregt durcheinander. Ich dagegen wurde immer stiller. Irgendwas war komisch. „Ohhhh – ich glaube mir wird schlecht", dachte ich und mein Lächeln erstarrte.

Krank

Einen Tag später schrieb ich in meinen Blog: Mein Vorsprung an guten Taten ist genau richtig für Tage wie heute: Magen-Darm-Infekt. Meine Power ist unterirdisch. Wenn ich entsprechend viele Genesungswünsche bekomme, kann ich morgen vielleicht wieder was bewirken …

Für meine Leser war es ein Magen-Darm-Infekt, für meinen Arzt eine normale Schwangerschaftsübelkeit und für mich der Anfang eines Martyriums.

Die 235. Tat:
Man sieht, was dabei rauskommt

Habe mich heute dazu breitschlagen lassen, die Bachelorarbeit meines Mannes Korrektur zu lesen. Ich hoffe, er nimmt es nicht persönlich, dass ich mich zwischendurch übergeben muss.

Die 236. gute Tat:
Jonathan im Visier

Ich zähle es mal nicht als gute Tat, dass ich heute wieder gelesen und mich wieder dabei übergeben habe.

Stammleser Jonathan hat meinen ersten Artikel für ein Buch mit Kurzgeschichten überarbeitet. Dafür schicke ich ihm heute eine Dankeskarte. Um mich zu revanchieren, dichte ich für ihn einen neuen Kurfürst-Songtext. Ich glaube, eingefleischte Leser wissen, dass es keinen Zweck hat, diesen hier näher aufzuführen … Nein, auch wenn ich ihn singend vortragen würde, wäre das keine Verbesserung. Nicht dass es euch bald so geht wie mir im Moment … Würg!

Gute Tat Nummer 238: Ja und Nein

Traue mir langsam aber sicher schon wieder eine echte Hardcoretat zu: vier Stunden Kleiderschrankausmisten bei Emmi. Es würde auch gar nicht anstrengend werden, hatte sie mir versprochen: Ich müsste mich nur auf ihr Bett legen und Ja oder Nein sagen. Pah! Den Mund musste ich mir fusselig reden, dass sie Sachen an Hilfsbedürftige spendet: wie die drei Pailletten – sie nannte diese das „Abendkleid des Jahres"! – und mehrere leider zu klein gewordene, noch mit Preisschild versehene Hosen!

Die 241. gute Tat: Ich könnt …

Krankheit weiter anhaltend. Da es regnet, kann ich nicht mal meiner üblichen Tätigkeit nachgehen: im Garten liegen und auf die Wiese glotzen.

Mein Blick schweift suchend durchs Zimmer. Ah, da ist ja jemand – mein Mann. Ich lasse ihn als gute Tat heute das Fernsehprogramm bestimmen. Ihn freut's, ich könnt kotzen.

Gute Tat Nummer 242: Oma Erika

Von folgenden Themen bin ich zurzeit echt genervt: die ewige Diskussion über Google Street View, die Bachelorarbeit meines Mannes und meine anscheinend Jahrhunderte andauernde Krankheit. Da beschließe ich, heute als gute Tat die oft einsame Oma Erika meines Mannes anzurufen. So komm ich bestimmt mal auf andere Gedanken …

Und ich werd nicht enttäuscht: versetzte Winde, schmerzende Knie und das Hämorrhoidenproblem sind mindestens nur auf Platz 4, 5 und 6 meiner persönlichen Genervtheitsliste.

Pause

Blog wegen Krankheit vorübergehend geschlossen!

Die Übelkeit lag wie ein bleiern schwerer Umhang auf mir. Sie erdrückte meine Lebensenergie und erschwerte jeden meiner Schritte. Ich wollte diesen Zustand nicht akzeptieren. Ich hasste es, mich ausgeliefert und ohnmächtig zu fühlen.

Und so befolgte ich jeden Rat, der Besserung versprach: Ich trank vor dem Aufstehen warme Milch, ich trank vor dem Aufstehen kalte Milch. Ich aß vor dem Aufstehen einen Keks, ich aß jede Stunde einen Keks. Ich trank Ingwer-Tee und nahm Vitamin-B12-Tabletten. Ich ließ mich zwei Wochen krankschreiben, um weniger Stress zu haben. Ich bewegte mich langsamer und aß kleinere Portionen, die ich gründlicher kaute. Ich schnüffelte an einem Morgen-Fit-Öl, hielt mich viel an der frischen Luft auf und lenkte mich mit Filmen und Büchern ab.

Nichts half. Die Übelkeit brach beim ersten Erwachen am Morgen über mich herein und hielt den ganzen Tag an. Selbst nachts brachte sie mich manchmal um den Schlaf. Seit etwa einer Woche musste ich mich jeden Tag übergeben. Doch auch das änderte nichts an der Übelkeit. Sie blieb nach dem Erbrechen wie vor dem Erbrechen unverändert hartnäckig. Das Sprichwort „Liebe geht durch den Magen" wurde hautnah erfahrbar für mich.

Ich pausierte mit dem Blog eine Woche lang – und das tat gut. Ich brauchte die Kraft für mich. Christoph kümmerte sich rührend und bot mir an, Tiefkühlpizzas zu erwärmen. So ging ich für ein paar Tage nach Hause zu meinen Eltern, um mich aufpäppeln zu lassen. Eine Freundin kam vorbei und sagte: „Das geht vorbei".

Ich fragte: „Ja, aber wann?"

„Spätestens in neun Monaten!"

Na prima! Die Übelkeit hielt an, doch ich hatte neue Kraft getankt. Ich ging vorerst wieder zur Arbeit und mobilisierte alle noch vorhandene Gute-Taten-Energie.

Klappe die 243. und 244.: Die guten-Taten-Geister kommen zurück

Meine Mama ist im Urlaub. Mit dem Aufräumen und Entrümpeln des Dachbodens will ich ihr eine Überraschung bereiten. Doch ich konnte nicht ahnen, welche grandiose Tat dabei noch auf mich wartete.

Emmi hatte während ihres Auszugs aus der elterlichen Wohnung im vergangenen Herbst ihre gesamte Sommerschuh-Kollektion zurückgelassen. Als dieses Jahr der Sommer heranrückte, musste sie jedoch schockiert feststellen, dass diese ganze riesige Schuhkiste wie vom Erdboden verschwunden war. Mein Vati, als bekannter Sachen-Wegschmeißer, wurde als Erster verdächtigt. Danach ich, als notorische Ausmisterin. Anschließend: ihre WG-Mitbewohner, die Großeltern, die Band und schließlich wurden sogar unschuldige Freunde als gemeine Diebe bezichtigt. Sie ruft auch heute noch manchmal an und fragt mit hoffnungsvoller Stimme, ob ich ihre Schuhe gefunden hätte.

Und: Heute habe ich sie gefunden, ganz hinten auf dem Dachboden! Damit bin ich von der geheimnisvollen, schuhmordenden Schwester zur 1-A-Busenfreundin-Schwester aufgestiegen! Und: Ich könnte einen Finderlohn verlangen … ☺

Die 245. gute Tat: Etwas zu voreilig

Der Auftritt war gut, alle sind durstig. Ich gebe Emmi einen Cocktail aus. Und Jonathan auch, weil er verspricht, sein schweißnasses Handtuch nicht wieder in die Tasche mit unseren Tanzsachen zu legen. Und Christoph spendiere ich auch einen, weil er der sexiest Drummer ever ist. Zum Glück konnte ich grad so noch Geld ausgeben, bevor die Bar für alle Bandmitglieder geöffnet wurde.

Die 246. gute Tat: Neue berufliche Perspektiven

Ich kümmere mich während des Urlaubsaufenthaltes meiner Eltern um ihre Tiere und die Pflanzen. Durch meine reichhaltigen Erfahrungen in den letzten 239 Tagen kann ich neben Theresas Heim- und Hofdienst auch Berufe ergreifen wie: Geschenkeberaterin, Bäckerin, Eisverkäuferin, Praktikantenseelsorgerin … Und sicher würden auch meine neuen Freundinnen, die Toilettenfrauen, ein gutes Wort bei ihrem Vorgesetzten für mich einlegen.

Gute Taten Nummer 247 und 248: Mein (fast) letztes Hemd

Verleihe heute beinahe mein letztes Hemd: einen Regenmantel. Ich gebe ihn meiner Freundin für ein Open-Air-Konzert. Ihr denkt vielleicht: Ach, die hat doch noch andere Klamotten! Die haben mir aber heute wenig geholfen, als der stürmische Regen mich und mein Fahrrad von allen Seiten angriff.

Mein Mann hat endlich seine Bachelorarbeit abgegeben! Ich möchte ihn heute zur Feier des Tages zu einem Essen einladen. Unromantisch wie er ist, hält er mir entgegen, dass ich ihn nicht einladen könnte, da wir ja ein gemeinsames Konto haben. Aber ich habe zum Beispiel meine Einnahmen aus dem neuerlich zustande gekommenen, äußerst lukrativen Autorenvertrag. Dürfte grad für ein Essen reichen. Also wieder mein letztes Hemd.

September: Ich drohe zu scheitern!

„Nicht das Beginnen wird belohnt, einzig und allein das Durchhalten." Katharina von Siena

Die 250. gute Tat: Mitfreuen und Mitfeiern

Meine Freundin Josi (die ich mit meiner 36. guten Tat ermutigt habe, sich selbstständig zu machen) lädt uns heute zur Praxiseröffnung ein. Ich freue mich mit ihr und feiere, ohne neidisch zu sein oder kommende Katastrophen auszumalen. Estephania und ich greifen außerdem ganz tief in die raffinierte Geschenkideen-Kiste und bringen eine Topfpflanze mit. Es war das meistgesehenste Geschenk heute überhaupt. Ähnlich wie Kinderbibeln bei einer Taufe, Schnapspralinen im Altersheim oder Bücher mit dem Titel „Wie bekomme ich einen Adoniskörper?" bei Jonathans Geburtstag.

Klappe 254: Der Freundschaftstag

Patrischa und ich haben Freundschaftstag! Bin besonders stolz, dass ich heute, am 6.9., daran denke und ihn auch nicht mit dem 9.6. verwechselt habe. Ich komme mit unserem Traditionsessen (Fleischsalat und Brötchen) und unseren alten Freundschaftsbüchern bei ihr vorbei. Wir amüsieren uns köstlich, als wir unsere alten Einträge lesen. Die wichtigsten Themen waren für uns 13-jährige Hühner scheinbar Leonardo di Caprio, Haarfrisuren und Parfüm. Zumindest riecht das Freundschaftsbuch immer noch danach. Am Ende essen wir unsere Brötchen und Patrischa findet den von mir versteckten Zettel im Inneren des Backwerkes: „Ich hab dich lieb, Patrischa! Wie findest du eigentlich Leonardo? Kreuze an …"

Die 255. gute Tat: Ein gut gemeintes, böses Wort

Heute lobe ich unsere Praktikantin ausführlich für ihre – eigentlich selbstverständlichen – Sklaven-Hilfsdienste am Kopierer. Ich sage irgendwas Geistreiches wie: „Echt cool von dir!" Darauf ein anwesendes Kind: „Cool sagt man nicht, das ist ein böses Wort!"

Die 257. gute Tat: Dieser Weg wird kein leichter sein

Möchte meine Tat heute bescheiden „heroisch“ oder „aufopferungsvoll“ nennen. Denn wer hätte dies jemals gedacht: Meine Ärztin will mich wegen anhaltender Übelkeit wieder krankschreiben. Ich lehne ab. Sage, ich fühle mich nicht wohl dabei, wieder eine Woche auf der Arbeit zu fehlen, aus Rücksicht auf meinen Chef. Ahhhh! Ein Raunen geht durch die beeindruckte Chefetage, die dankbare Patientenmenge und die erleichterte Blogleserschaft. Denn seid ehrlich: Wer will schon noch die Blogbeiträge lesen, die ich während meiner Krankschreibungen verfasste und in denen es allesamt nur um das eine ging: Ich bin krankgeschrieben und weiß nichts zu tun.

Christoph ist ein passionierter PM-Leser. Um mich aufzuheitern und abzulenken, las er mir ein paar besonders interessante Abschnitte vor. Ob ich schon wüsste, dass eine Tankfüllung einer Giga-Jacht eine Million Dollar kostet. Oder dass Quanten über Milliarden von Kilometern Entfernung in einer geheimnisvollen Verbindung stehen? Ohne eine Antwort abzuwarten, las er begeistert weiter: „Oder hör dir das an: Pro Minute entstehen weltweit 60 neue Blogs.“ Er sah auf und tippte auf den Artikel. „Da hast du's: 1600 Beiträge werden pro Minute gepostet“, sagte er mit gespielt schockierter Stimme. „Nur 1600 Beiträge! Die internationale Bloglesergemeinschaft gleicht quasi einem vertrockneten Schwamm, alle warten auf deinen heutigen Beitrag. Nun mach schon! Schalt den Laptop ein. Ansonsten ...“, er machte eine Kunstpause, „könnte ich dich auch noch tiefer in die Geheimnisse der Quantenphysik einweihen.“

Den Blog zu schreiben, fand ich ein Quäntchen verlockender. So raffte ich mich auf.

Die 258. gute Tat: Mmmmhhhhh!

Bin zum Hausbesuch bei meiner langjährigen Patientin Andrea. Ihr 4-jähriger Enkel ist auch da. Wir trinken Tee (und üben, natürlich!). Als wir gerade mit den Lockerungsübungen im Stehen beginnen, schleicht sich ihr Enkel an meine Teetasse heran und spuckt sein durch beherztes Lutschen aufgeweichtes Zuckerstückchen hinein. Er grinst mich an: „Damit es dir besser schmeckt!" Mmmmmhhhhh! Ich trinke ohne Rücksicht auf fiese Kinderbakterien und bedanke mich. Er hat es ja gut gemeint.

Klappe 260: DIE GUTE TAT

Es ist DIE gute Tat: Ich (okay, mein Mann war auch nicht ganz unbeteiligt) schenke einem neuen Menschen das Leben. Ja genau, ICH BIN SCHWANGER!!! Und die dunklen und einsamen Zeiten der endlos quälenden Übelkeit und des Erbrechens ertrage ich nur dafür.

Die letzten sechs Wochen waren für mich sehr herausfordernd. Ich konnte mich aufgrund der ewigen Übelkeit nur schwer auf die guten Taten konzentrieren. Meine persönliche Hassliste im Moment:

1. Ich hasse die Übelkeit.
2. Ich hasse den Geruch von frisch gewaschener Wäsche.
3. Ich hasse es, jeden Tag eine gute Tat tun zu müssen.

Aber ich will durchhalten. Und es gibt ja auch noch die Möglichkeit, dass die Übelkeit irgendwann zu Ende sein wird. Morgen bin ich im vierten Monat. Ich glaube, dann ist es so weit. Und dann starte ich richtig durch!

Der nächste Tag brachte jedoch keinerlei Verbesserung. Ich schlug die Augen auf und spürte die Übelkeit wie eine feste Schlinge um meinen Hals. Resigniert und erschöpft schloss ich meine Augen gleich wieder. Mir fiel ein, dass meine Freundin gesagt hatte, es würde etwas nützen, wenn man vor dem Aufstehen einen Zwieback isst und sich anschließend im Bett rumkugelt. „Was soll's", dachte ich mir, „einen Versuch ist es wohl wert." Ich nahm den obligatorischen Bissen vor dem Aufstehen und rollte mich über das Bett – und fiel auf der anderen Seite runter. Mist. Egal. Ich raffte mich auf.

Meine Kollegin in unserer 60 Kilometer entfernten Außenstelle hatte sich krankgemeldet und ich würde heute ihre Vertretung übernehmen müssen. Nachdem ich am Frühstückstisch den ersten Schluck Tee getrunken hatte, rannte ich auch schon ins Badezimmer und übergab mich. Ich schaute mich im Spiegel an. Was ich sah, gefiel mir nicht. Meine Haut war grau, meine Haare strohig und matt. Doch es blieb keine Zeit zum Trübsalblasen. Eilig putzte ich meine Zähne und musste auch schon los. In Zukunft würde ich morgens mehr Zeit einplanen müssen, ermahnte ich mich im Stillen, während ich die Stufen nach unten hechtete. Es regnete. Ich zog meine Kapuze ins Gesicht und rannte zu meinem Auto. Der Wind pfiff die Blätter von den Bäumen, es wurde Herbst.

Ich überlebte den Arbeitstag mehr schlecht als recht. Nach dem letzten Patienten übergab ich mich noch einmal, bevor ich meiner Kollegin eine Gute-Besserungs-SMS schrieb. Das war, angesichts meines auch nicht gerade stabilen Zustandes, eine ziemlich gute Tat, fand ich. Ich hatte mittags nur an einem trockenen Brötchen geknabbert und einen Apfel gegessen.

Für unser heutiges Abendbrot würde ich auf dem Nachhauseweg noch einmal einkaufen gehen müssen. Da ich den Geruch von Lebensmitteln nicht ertragen konnte, wollte ich einfach auf meinen altbewährten Trick zurückgreifen und durch den Mund atmen. Altbewährt, weil ich ihn während meiner 2-jährigen Nebenjobtätigkeit bei McDonald's, speziell beim Toilettenputzen, perfektioniert hatte.

Als ich den Lebensmittelladen betrat, wurde mir beim Anblick der vielen Nahrungsmittel schwindlig. Ich griff in meine Jackentasche und erfühlte die seit einigen Wochen immer griffbereite Kotztüte, was mich nur mäßig beruhigte. Dass ich mich zwischen der Frischetheke und den Augen sämtlicher Einkäufer nicht auf den Boden, sondern in eine Kotztüte übergeben könnte, würde die Situation nicht entscheidend verbessern. Schnell nahm ich eine Packung Müsli und drei Flaschen Orangensaft. Als ich gerade die Tomaten in den Einkaufskorb hob, hielt ich die Geruchsfolter trotz offenem Mund nicht mehr aus. Ich bemerkte, wie sich mein Magen verkrampfte und verließ eiligen Schrittes, ohne Ware, den Laden.

Zu Hause angekommen, schickte ich Christoph einkaufen. Auf seine Frage, was er kaufen solle, rollte ich nur verzweifelt mit den Augen und vergrub mich unter der Decke im Bett. Fünf Minuten später schlug ich die Bettdecke wieder zurück. Davon würde es auch nicht besser werden. So beschloss ich, mit mir selbst eine Kunst- und Musiktherapie durchzuführen. Zuerst legte ich eine CD mit israelischer Tanzmusik auf. Ich hatte vor zwei Jahren einen Tanzkurs für israelische Kreistänze belegt. Nun bewegte ich mich wiegend durch das Wohnzimmer, leider nur auf einer Linie, weil es unsere Einrichtung nicht hergab, einen Kreis zu bilden.

In Gedanken sah ich die Teilnehmer des illustren Tanzkreises: die lustige Susanne mit den wippenden Locken und den Hochwasserhosen; den traurigen Mann, dem man genau ansah, dass er von seiner Frau zu diesem Kurs gezwungen worden war; und den 70-jährigen Tanzlehrer mit seinen Ballettschuhen. Ich konnte mir bei diesen Erinnerungen ein Lächeln nicht verkneifen. Ich wollte eins werden mit meinem Körper, ihn annehmen, das Baby annehmen. So schwebte ich durch das Wohnzimmer, mit geschlossenen Augen und der Hand auf meinem Bauch.

Nach fünf Minuten beendete ich die Musiktherapie, da sich gar nichts, aber auch rein gar nichts an dem Zustand der anhänglichen Übelkeit verändert hatte. Ich holte meine Wachsmalstifte und Papier heraus. Ich setzte mich an den Wohnzimmertisch und entwarf ein Selbstporträt. Ich wählte für den Hintergrund viele grelle, klare Farben, die hart, fast schmerzhaft aufeinanderstießen. Mein Ebenbild auf dem Papier bekam drei listige Würgeschlangen um den Hals, die ihre Körper mit den spitzen Zungen eng, immer enger werdend um mich schlangen. Meine Augen traten vor einem aschgrauen Gesicht groß hervor, ohne jeden Ausdruck. Mein Mund war kaum zu erkennen, eine schmale Linie. Ich freute mich ein bisschen, weil ich Christoph nach seiner Rückkehr mithilfe des Selbstporträts zeigen konnte, wie ich mich fühlte. Eilig befestigte ich mein Werk für ihn gut sichtbar im Flur an der Wand und betrachtete es sinnend.

Die Übelkeit war jedoch unverändert. Und wirklich besser fühlte ich mich auch nicht. Da klingelte das Telefon. Es war meine Friseurin und Freundin Sarah. „Hey, du hattest mich auf dem Handy angerufen? Ich konnt leider nicht rangehen, bin grad erst fertig mit Arbeiten. Was gibt's?", quasselte sie gut gelaunt in mein Telefon.

„Du, Sarah, es gibt eine tolle Neuigkeit: Ich bin schwanger!“, entgegnete ich mühsam euphorisch.

„WAS?“, schrie sie in mein Telefon. „Juhhhuuuuhhhh! Wow! Jaaaaaaaaaaa! Ist ja krass!“ – „Mm, ja, schön“, antwortete ich abwesend und blickte dabei in Richtung Chris, der gerade zur Tür hereingekommen war und achtlos an meinem Kunstwerk vorbeiging.

„Theresa, ich komm vorbei! Das müssen wir feiern!“, plapperte Sarah weiter, ungeachtet meiner Zurückhaltung.

„Ja, cool, aber bitte bring etwas zu Essen mit. Mir ist echt schlecht, ich kann nichts zubereiten, muss aber irgendwas essen.“

Als Sarah später mit Lasagne und alkoholfreiem Sekt vorbeikam, entspannte ich mich etwas. Ich aß eine ganze Portion, schrieb noch schnell meinen Blog und sank am Abend ganz zuversichtlich in die Kissen. „Vielleicht wird die Übelkeit morgen weg sein …“, dachte ich noch hoffnungsvoll, als ich in den Schlaf abglitt und mich so dem Einfluss der Würgeschlangen mehr und mehr entzog.

Die 263. gute Tat: Traumland Altersheim

Wenn ich zur Schlucktherapie im Altersheim bin, steigen mir Mittag für Mittag leckerste Düfte in die Nase: Eisbein mit Sauerkraut, Hörnchennudeln mit Sahnesoße oder Spanferkel mit Klößen. Trotz Übelkeit genieße ich diese Gerüche. Immerhin überdecken sie die sonst vorherrschenden Duftnoten. Ich treffe den Koch im Treppenhaus und lobe ihn für seine gut riechenden Gerichte.

Und auch mein Haben-Konto blieb nicht leer. Ich bekam einen Tee, Zwieback, eine Marzipankartoffel, zwei Spekulatius, eine Schachtel Brombeeren und ein Glas Marmelade von meinen Patienten geschenkt.

Im Altersheim muss man entweder Bewohner sein, freie angehimmelte Logopädin oder, heute natürlich ganz speziell: Koch.

Urlaub

Zur Info: Ich befinde mich das Wochenende über im Kurzurlaub in Österreich anlässlich unseres einjährigen Hochzeitsjubiläums. Ich will mir zu Herzen nehmen, was die Senioren-Rollstuhl-Tanzgruppe im Altersheim gestern als musikalische Untermalung wählte: „Heut ist so ein schöner Tag, la la la la la …"

Okay, die Fahrt nach Salzburg wurde nicht ausschließlich anlässlich unseres Hochzeitstages geplant. Kurfürst hatte einen Auftritt in Österreich und unser Hochzeitstag fiel genau auf diesen Samstag. So fuhr ich einfach mit. Na ja, immerhin hatten wir ein Doppelzimmer und konnten den Tag gemeinsam erleben. Die Kurfürsten sangen für uns am Morgen mehrstimmig „Ich geh mit dir" von den Söhnen Mannheims, das Lied, zu dem ich und die Brautjungfern vor einem Jahr in die Kirche eingelaufen waren. Da mein Bauch mittlerweile schon ziemlich sichtbar war, hielt ich mich während des Konzertes eher im hinteren Bereich auf. Und genoss die Kurfürst-Power als stiller Zuschauer. Merlin hatte ein neues Lied geschrieben:

Es ist zu spät, wenn du begreifst,
es war die Wirklichkeit, die dich dem Traum entreißt.
Du willst noch bleiben und wehrst dich schwach,
doch wer merkt, dass er träumt, wird grad wach.

Ich wurde etwas sentimental und traurig. Ja, jetzt war es zu spät. Meinen Träumereien von einer glückseligen und unbeschwerten Schwangerschaft war ich grausam entrissen worden. Nun war ich wach, im Hier und Jetzt angekommen. Eingesperrt im eigenen Körper, alleingelassen, weil mich niemand verstand. Ich war sauer auf Gott, weil ich Gutes tun wollte und es einfach nicht mehr schaffte. Und ganz nebenbei verstand ich auch den Sinn der Übelkeit nicht. Warum griff Gott nicht ein? Ich hatte ihn so oft darum gebeten, ihn angefleht. Es war total blöd, dass ich immer wieder auf Besserung hoffte. Ich würde es akzeptieren müssen. Mir war schlecht und das würde sich auch so schnell nicht ändern. Basta! Und die Frage nach dem Warum würde einfach unbeantwortet bleiben. Das ewige Suchen nach einer Antwort brachte mich auch nicht weiter.

Ich nahm ein richtiges Vollbad im Selbstmitleid und wünschte mir, Kurfürst hätte einfach nur „Heut ist so ein schöner Tag, la, la, la, la, la ..." gesungen.

Die 265. gute Tat:
Der Countdown läuft: 100, 99 ...

Einem Bettler Geld zu geben, ist eine schon lang anstehende gute Tat. In Salzburg kam ich vor lauter talentierten Straßenmusikanten und Künstlern aller Art gar nicht drum herum. Ich hatte letzte Woche doch tatsächlich einen Artikel mit Pro- und Contra-Argumenten zu diesem Thema gelesen. Dabei kann es so einfach sein: Klingt gut – Geld in den Hut.

Mein Highlight: „Nur" noch 100 gute Taten, Licht am Ende des Tunnels.

Die 268. gute Tat: Wie kann man gut sein, wenn einem schlecht ist?

Aufgrund einer neuerlichen Übelkeitswelle kam ich in den letzten beiden Tagen nicht zum Schreiben. Heute spende ich einen kleineren Geldbetrag für eine humanitäre Organisation, die sich in Litauen um Arme kümmert. Und an mich, damit ich eine Selbsthilfegruppe für kotzende Schwangere gründen kann, für von Krankenscheinen genervte Arbeitgeber, für mit Schwangeren überforderte Ehemänner und für Leute, die es nie schaffen werden, wie Mutter Teresa zu sein.

Folgende Frage hatte sich mir in den letzten Wochen förmlich aufgedrängt: Wie kann man gut sein, wenn einem schlecht ist? Und ich glaubte, die Antwort recht schnell gefunden zu haben: überhaupt nicht. Wenn es einem gut geht, kann man gut sein. Wenn es einem schlecht geht, kann man gar nichts sein. Man kann tapfer sein, man kann an der frischen Luft sein, man kann in Gedanken schon mal im Kreißsaal der Geburtsklinik sein. Aber gut sein? An andere denken? Wenn man es nicht mal schafft, die erste Meile zu gehen, wie soll man dann die zweite gehen? Ich kam nicht weiter. Ich schaffte es einfach nicht. Ich hatte keine Ideen, keine Energie und auch keine Lust. Ich war kurz davor, das Experiment abzubrechen.

Die 269. gute Tat: Was tut man nicht alles für Still-BHs

Weil ich es als gute Tat verbuchen kann, gehe ich heute auf Estephanias dringenden Wunsch mit ihr zum Tag der offenen Tür unserer alten Schule. Sie besticht mich mit zwei riesigen Säcken Schwangerschaftskleidung. So hab ich jetzt fünf Still-BHs, sieben Pullis und zwei Jacken an. Und wenn mir nicht übel wäre oder wenn ich die Bilder der fies grinsenden Lehrer aus meinem Kopf verbannen könnte, wäre es beinahe ein guter Tag gewesen.

Estephania, Josi und ich begannen im Sommer 2004 die schulische Ausbildung zur staatlich anerkannten Logopädin in Chemnitz. Josi, 22, hatte ein abgebrochenes Germanistikstudium hinter sich. Sie trägt zu ihrer blonden Mähne gern diese Brille mit Leopardenmuster, die auf wundersame Weise zwei ihrer besten Eigenschaften widerspiegelt: intelligent und mutig zugleich. Estephania konnte ebenfalls einige Notizen im beruflichen Führungszeugnis vorweisen und hatte für ihre 20 Jahre zu viele schlechte Erfahrungen mit Freunden und Eltern gesammelt. Sie erschien am ersten Tag mit rot gefärbten Haaren und vollkommen in Schwarz gekleidet. Doch irgendwas zog mich, die ich ganz in rosa gekleidet war, magisch zu ihr. Vielleicht war es ihr offener, herzlicher Blick oder einfach ihre Exklusivität. Ich hatte eine endlos scheinende Abizeit hinter mir, eine Beziehungskrise mit Chris und wollte nun gewohnt zielstrebig und selbstbewusst dieses neue Kapitel meines Lebens aufschlagen. Und ich liebte Rosa.

So fanden wir uns, in unserer Andersartigkeit, gleich am ersten Tag. Von da an waren wir unzertrennlich. Natürlich saßen wir in der letzten Reihe. Dort versüßten wir unsere Tage mit lustigen Sprachspielen oder Skizzen von diversen Lehrkörpern und bekundeten uns gegenseitig tägliches Lob für unser Aussehen.

Unsere Therapien waren unübertroffen kreativ. Wir unterstützten uns in den Lehrproben durch Castauftritte. Einmal war ich Rudolph, das kleine Rentier mit der roten Nase. Estephania überraschte als Gespenst und Josi als sprechender Baum. Bei einer der fünf schriftlichen Abschlussprüfungen wurden wir auseinandergesetzt, was eindeutig Schikane war. Alle anderen durften wie gewohnt sitzen! Als ich sämtliche Aufgaben gelöst hatte, lehnte ich mich zurück und aß einen Apfel am Stil mit Schokoglasur. Die Lehrerin meinte kopfschüttelnd: „Das ist ja wie auf dem Jahrmarkt hier!" Josi und Estephania kicherten. Ich blickte nach hinten: Die Blonde loste gerade eine von zwei Antwortmöglichkeiten aus und die Rothaarige kontrollierte ihren Ausschnitt. Natürlich bestanden wir alle mit Bravour. Josi und ich waren die Besten des gesamten Jahrgangs.

Jetzt haben sie beide schon jeweils ein Kind. Und da wir eine Gruppe sind, war es klar, dass ich nachziehen würde. Allerdings fühle ich mich jetzt wieder etwa so wie damals bei der Prüfung: auf mich allein gestellt. Und ganz sicher nicht mit einem Schokoapfel in der Hand. Eher mit einer wehenden Fahne, die meinen baldigen Untergang ankündigt.

Gute Tat Nummer 270 und 271: Emmi

Ich übergab Emmi gestern ihr weinbeflecktes und durch meine Fleckenbehandlungen wieder strahlend weißes Kleid. Heute helfe ich ihr geduldig, an den Sätzen für ihre Bewerbung zu feilen.

Schließlich bekommt sie auch noch einen Preis von mir, weil sie die richtigen Antworten auf meine Schätzfragen weiß:

Wie oft habe ich in der Schwangerschaft schon gebrochen? 28 Mal.

Wie viele ungewaschene Wäschestücke habe ich, weil mir von Waschpulver schlecht wird? 75.

Wie viele Nerven habe ich für deine Bewerbung? Keine.

Die 272. gute Tat und Beschäftigungsverbot

Gestern gab mir die Ärztin Beschäftigungsverbot bis zur Geburt des Babys. Schade für euch! Denn so kommt ihr nie wieder in den Genuss wahnwitziger Altersheimstorys oder weltbewegender Geschichten über Aufkleber, Cappuccino, Marzipantorten und Mumien.

Gut aber für meine Kolleginnen, die sich ihre freien Zeiten mit meinen Patienten günstig füllen können. Und natürlich gut für mich!

Ich gab auf. Wochenlang hatte ich mich tapfer gegen die Krankschreibung gewehrt. Ich wollte die 12. Schwangerschaftswoche abwarten, nach der die Übelkeit bei dem Großteil der Frauen verschwindet. Doch nun war ich schon in der 15. Woche und die Übelkeit drückte mich immer noch zu Boden, sosehr ich auch versucht hatte, sie zu überwinden. Ich war gelähmt, ich war kraftlos und gab mich geschlagen. Es passte so gar nicht in mein Jahr der guten Taten, dass ich an diesem Montagvormittag bei meinem Chef anrief und sagte, ich würde nicht mehr wiederkommen, ich sei im sofort gültigen Berufsverbot. Was mit meinen Patienten sei? Sorry, geht mich nichts mehr an. Ich hatte mich in den letzten Wochen oft genug über der Personaltoilette im Altersheim oder über Toiletten verschiedenster Hausbesuchspatienten wiedergefunden. Ganz zu schweigen von der Praxistoilette.

„Der Druck muss weg", sagte meine Ärztin. „Ihrem Baby geht es gut, Ihr Körper gibt alle vorhandenen Nährstoffe an das Kind. Für Sie bleibt allerdings fast nichts übrig. Wenn sich Ihr Zustand in den ersten Tagen des Beschäftigungsverbotes nicht ändert, werde ich Sie ins Krankenhaus überweisen müssen."

So lag ich nun am nächsten Tag um zehn Uhr morgens noch im Bett und hörte die Lesezeit des Klassikradiosenders. Davon hatte ich schon seit Langem geträumt. Unter anderen Umständen wäre alles einfach nur perfekt gewesen: nicht mehr auf Arbeit gehen müssen, trotzdem Gehalt bekommen, die Lesezeit hören – perfekt! In dem Literaturauszug der Radiosendung ging es um ein kleines 4-jähriges Mädchen. Es war ein heißer Julitag im Freibad. Das Mädchen lief zielstrebig auf den Fünf-Meter-Sprungturm zu und rief aus vollem Halse zu ihrer Mutter: „Mama, ich werde gleich springen! Hallo! Du musst hinschauen! Guck bitte! Ich werde gleich springen!" Mit dieser lauthalsigen Ankündigung weckte sie nicht nur das Interesse der Mutter. Viele Augen waren interessiert auf sie gerichtet, als sie auf dem Sprungbrett stand ... und plötzlich nur noch wieder rückwärts runterwollte.

Ich hatte ziemlich viel gemeinsam mit dem kleinen Mädchen. Ich hatte mir eine Aufgabe gesucht, die mich herausforderte, die neu für mich war und scheinbar auch eine Nummer zu groß. Und ich hatte viele, viele Leute aufgefordert, mir dabei zuzuschauen. Ich hatte quasi sogar Ferngläser verteilt. Sämtliche Freunde wussten davon, die gesamte Verwandtschaft, meine Kollegen, die ständig wachsende Blogleserschaft. Alle warteten gespannt, ob ich es wohl schaffen würde. Einige hofften mit mir. Einigen war es sicher völlig egal. Und andere würden sich vergnüglich die Hände reiben, sollte ich scheitern, und sagen: „Das hab ich doch gleich gewusst!“

Aufzugeben wäre mir peinlich gewesen, und es stand auch völlig konträr zu allem, was mir meine Eltern beigebracht hatten. Zum Beispiel hatten sie jahrelang immer freitags gefastet und mir so vorgelebt, dass es sich lohnt, schwierige Zeiten bewusst auf sich zu nehmen, wenn man ein höheres Ziel verfolgt. Aufgeben stand auch völlig entgegengesetzt zu allem, was ich bisher gelernt hatte. Etwa während meiner zweijährigen Nebenjobtätigkeit und Toilettenreinigungsarbeit bei McDonald's. Oder während der anstrengenden Prüfungszeiten in meinem Leben. Oder während der über Monate geflehten Gebete um Emmi, sie möge endlich die Kraft bekommen, ihren damaligen Freund, „Mister Scheißkerl“, zu verlassen. Durchhalten gehört erstens dazu, zweitens kommt man nur so ans Ziel und drittens lohnt es sich in den allermeisten Fällen.

Die Lesezeit neigte sich dem Ende zu und ich hatte einen neuen Entschluss gefasst. Das kleine Mädchen in der Geschichte sprang nicht. Ich schon. Ich blieb dabei. 365 gute Taten, wie auch immer, jetzt erst recht.

Was das Gutsein betraf, kam ich mir zwar aktuell so vor, als wäre ich mit einem Auto unterwegs, auf dem hinten eine große 25 prangt. Aber immerhin: Ich war noch im Rennen.

Oktober: Neue Kraft!

„Meine Gnade ist alles, was du brauchst. Meine Kraft zeigt sich in deiner Schwäche.“ 2. Korinther 12,9

Für den ersten Oktober hatte ich einer Lokalzeitung zuliebe in ein Fotoshooting eingewilligt. Ich fühlte mich aktuell zwar nicht sehr fotogen. Aber der Fotograf würde „nur kurz“ bei mir vorbeikommen und ich würde meine Bereitschaft als gute Tat werten können. So stand ich an diesem Tag auf, übergab mich, wusch mir die Haare, übergab mich, schminkte mich ausführlich und wählte einen leuchtend grünen Mantel, um von meiner blassen Hautfarbe abzulenken.

Wir fotografierten im Park, ich knipste mein Standardlächeln an und bekam ein Lob vom Fotografen: Ich sei sehr fotogen. Na, wenn er meinte. Später ließ ich mich erschöpft auf das Sofa sinken. Es war Mittagszeit und ich hatte immer noch nichts gegessen, was mein Körper für das Kind hätte verwerten können. Ich bat Chris, mir etwas zu essen zuzubereiten und bemühte mich, ihm einen Vorschlag zu machen: „Machst du mir bitte eine Puddingsuppe? Koch einfach einen Pudding nach Anleitung und nimm die doppelte Menge Milch.“

Leider verwendete er auch die doppelte Menge Zucker und mir wurde wieder richtig schlecht. Ich übergab mich postwendend. Am Nachmittag ging ich zum Bäcker und anschließend in den Park. Ich setzte mich ans Ufer des Schwanensees und lehnte mich an einen Baumstamm. Die Herbstsonne schien mir warm ins Gesicht. Ich genoss ihre Energie und den Geschmack des Einbacks, den ich früher so gemocht hatte. Mein Atem wurde ruhiger. Ich betete: „Gott, ich kann nicht mehr. Ich schaffe es nicht mehr allein. Hilf mir. Und beschütze das Baby." Und wie ich dort so saß, kraftlos, hilflos, hoffnungslos ... wurde mir plötzlich schon wieder schlecht.

Ich rappelte mich auf und lief eiligen Schrittes nach Hause, kam aber nicht weit. Noch im Park beugte ich mich über einen Papierkorb und erbrach den eben gegessenen Einback. Meine Beine zitterten, ich bekam keine Luft, ich wurde angestarrt. Heiße Tränen der Wut und der Verzweiflung traten mir in die Augen. Ich suchte in meiner Jackentasche nach einem Taschentuch, fand aber nur die Kotztüte. So richtete ich mich wieder auf und strich mir mit der Hand über den Mund. „Okay, jetzt ist Schluss", dachte ich und fasste den Entschluss, noch heute bei meiner Frauenärztin um meine Einweisung ins Krankenhaus zu bitten.

Das Krankenhaus war einfach klasse: das frisch bezogene Bett, die hilfsbereiten Schwestern, und die kühle Flüssigkeit, die mir ununterbrochen in die Venen floss. Das Essen, das ich nicht selbst zubereiten musste, der nicht vorhandene Laptop ... Ich wurde ernstgenommen, es wurde sich um mich gekümmert. Fünf Tage war ich im Paradies. Die Übelkeit war dank der Medikamente verschwunden. Ich bekam viel Besuch und erlangte von Tag zu Tag mehr Kraft. Ich wusste, Gott hatte mein Gebet im Park erhört.

Seit einigen Tagen hatte ich eine Zimmernachbarin, Frau Vogl, der ein Kaiserschnitt bevorstand. Ehe ich mich versah, wurde ich wieder zum „Täter" und sie gleichbedeutend zum „Opfer" der guten Taten. Ich ließ sie großzügig das Fernsehprogramm bestimmen, ich fragte sie, ob sie Angst hätte und kaufte im Krankenhauslädchen ein Geschenk für ihre neugeborene Tochter.

Ich kam wieder auf den Geschmack. Morgens um sechs Uhr verwickelte ich die Reinigungsfrau in ein Gespräch, fragte interessiert, wann sie aufgestanden sei, was sie alles reinigen müsste und wann sie Feierabend hätte. Ich wartete mit einer Omi vor dem Behandlungszimmer, fragte sie, wie es ihr gehe, und versuchte, ein paar omataugliche Späßchen zu machen, um sie von der Angst vor der Untersuchung abzulenken.

Endlich konnte ich wieder von mir wegschauen und meine Mitmenschen im Blick haben. Das Krankenhaus eignet sich hervorragend für gute Taten. Inmitten der Anonymität wartet jeder darauf, einen Leidensgenossen zu finden oder jemanden, der einen einfach wahrnimmt. Oftmals reicht da schon ein nettes Wort oder eine kleine Geste und der andere bekommt ein wenig mehr Selbstvertrauen. Ein wenig mehr Rückenwind, um sich der Situation zu stellen.

Die Oberärztin untersuchte mich, fuhr konzentriert mit ihrem Ultraschallgerät über meinen Bauch und riss mich aus meinen Überlegungen. „Sieht alles gut aus, das Baby ist zeitgerecht entwickelt. Möchten Sie wissen, was es wird?" Interessiert riss ich meine Augen weit auf. „Unbedingt!" – „Mhhh, also bitte, nageln Sie mich nicht fest, aber ich glaube … ja, wahrscheinlich wird es ein Junge."

Ich freute mich. „Na warte, mein Freundchen", sprach ich mit einem Augenzwinkern in Richtung Bauch gewandt, „wenn du nicht wenigstens die XXL-Muttertagsedition edelster Lindt-Pralinen im Gepäck hast … Ich weiß ehrlich gesagt nicht, wie du diese ganze Schinderei wiedergutmachen willst."

Die Oberärztin hob amüsiert eine Augenbraue „So viel wird er gar nicht machen können, aber seien Sie versichert, Sie werden ihm sofort alles verzeihen."

„Ja, ja, kann schon sein …", sagte ich sinnend, dachte aber im Stillen: „Nie und nimmer!"

Die 283. gute Tat: Das Kastanienblatt

Kaum aus dem Krankenhaus entlassen, mache ich mich bereitwillig auf den Weg, ein Kastanienblatt für die Freundin meiner Mutter zu sammeln. Sie muss als Elternaufgabe für die Schule ihrer Tochter ein Herbarium anfertigen. Also auf diese Schule werde ich unser Kind schon mal nicht schicken.

Die 284. gute Tat: Rosa Bademantel

Verschenke heute meinen rosa Bademantel an eine Freundin.

Noch eine lustige Geschichte am Rande: Mein Vati ruft mich die Tage an und bedankt sich überschwänglich für den Nierenwärmer, der ihm geschickt wurde. Woher ich wisse, dass er im Moment einem Freund im Kühlhaus hilft und ihm die Nieren schmerzen? Obwohl ich es gern auf meine Fahne geschrieben hätte, hatte ich das Paket nicht bestellt. Wie das Geschenk zu meinem Vati kam, schien eine Art höherer Fügung zu sein. Am nächsten Tag stellte sich heraus, dass mein Mann einen

Fett-weg-Gürtel (!) für Jonathan bestellt und aus Versehen die falsche Adresse angegeben hatte.

Na, Jonathan, schon erste Erfolge damit gehabt?

Kommentar Jonathan:

Naaaaa suuuper! Wie steh ich denn jetzt da?! Zum Glück habe ich das Bauch-weg-Band bei meinem Adoniskörper gar nicht nötig. Der Gürtel ist ausschließlich als Befestigung meines In-Ear-Systems auf der Bühne gedacht. Den Tipp hab ich von meinem Vater bekommen, der ja selbst Musiker ist. Leute im Internet zu dissen, kann bei dem Opfer übrigens zu schwerwiegenden Persönlichkeitsstörungen führen, sagt meine Mutter. Und die muss es ja wissen. Sie ist Psychologin.

Die 285. gute Tat: Klebrige Angelegenheit

Begleite heute meine Schwester in einen Freizeitpark, wenngleich ich auch selbst, des Babybauchs wegen, nichts fahren kann. Obwohl … schlecht ist mir ja schon.

Wir reden über alte Zeiten und Emmi gesteht, dass sie sich schon mal aus purem Verlangen einen festgeklebten Kaugummi von der Tischunterseite in den Mund gesteckt hat. Fies wie ich bin, lache ich sie dafür aus und sage: „Ihhh, Emmi! Wie eklig!"

Emmi entgegnet mit gespielt vorwurfsvoller Miene: „Und wo war meine große Schwester, um mich abzuhalten?" Ich blicke tief traurig drein. „Wie kann ich das nur je wiedergutmachen?" Sie überlegt einen Augenblick und entgegnet: „Schenke diesem

Kind dort einen Kaugummi!“ Noch bevor sie den Satz beendet hatte, war ich aufgesprungen. Gute Tat, ich komme!

365 Leidenstaten und die 286. gute Tat

Ich wollte eigentlich nicht extra erwähnen, dass ich meiner Schwester Emmi mein Navi ausgeliehen habe. Als ich jedoch heute verzweifelt die Hebammenpraxis im Haus 3b suchte und nur die Nummern 2 und 6 fand, entschied ich mich anders. Werde meinen Blog langsam umbenennen in „365 Leidenstaten“ oder „365 Wege, sich im Selbstmitleid zu baden“.

Die 287. gute Tat: Autogenes Training im Supermarkt

Hab ich schon mal erwähnt, dass ich auch Therapeutin für Autogenes Training bin? Ohne falsche Zurückhaltung ausgedrückt: Ich bin die stylische Ausgabe eines echten Entspannungsprofis ...

Als ich im Supermarkt an der Kasse Zeuge werde, wie eine Angestellte von ihrem Chef angemotzt wird, sage ich beruhigend und lächelnd zu ihr: „Bleiben Sie immer schön entspannt.“ Eigentlich hätte ich noch nachschieben sollen: „Geräusche sind völlig gleichgültig, Gedanken kommen und gehen.“ Oder: „Die Atemluft strömt durch ein weites Rohr.“ Na vielleicht beim nächsten Mal.

Gute Taten Nummer 288 und 289: Mama Mia!

Gestern Abend: Das Restaurant ist brechend voll. Wir müssen ewig auf einen Tisch warten. Es ist laut, die Kellner eilen von Gast zu Gast und die Kinder spielen zwischen den Tischen Fangen. So hatte ich mir ein romantisches Dinner nicht vorgestellt. Dann bekomme ich als Höhepunkt des Chaos' Gnocchi anstatt Tortellini serviert. Echte Pasta-Fans kennen den gravierenden Unterschied. Ich esse die Kartoffelklößchen anstandslos und bezahle sogar dafür. Inklusive Trinkgeld, versteht sich.

Heute telefoniere ich mit meiner Freundin Stella, deren großer Sohn am Nachmittag seinen dritten Geburtstag feiert, zu dem auch ich eingeladen bin. Sie erwähnt am Rande, dass sie ziemlich viel vorzubereiten hat und eigentlich noch Saft im Supermarkt besorgen muss. Und hier komme wie gewöhnlich ich ins Spiel: „Stella, soll ich nicht einfach ein paar Flaschen Saft mitbringen? Wir haben gerade frischen Apfelsaft von der Bio-Mosterei, bei der wir unsere Garten-Äpfel abgegeben haben!" Stella ist sofort einverstanden und fragt sogleich hinterher, ob ich auch noch etwas Obst und Kaffeesahne mitbringen könnte. Ratet mal, was ich geantwortet habe …

Stella ist ein gutes Beispiel für den Empfänger-Typ 5: Der Sterntaler oder „Immer-her-damit-Typ". Dieser Typ empfängt mit offenen Händen, die wie zufällig locker geöffnet im Schoß liegen. Er ist präsent und ehrlich. Bei diesem Typen weiß man, woran man ist. Bietet ihm jemand etwas an, sagt er nicht Nein. Er versteckt sich nicht hinter falscher Bescheidenheit oder übertriebener Unterwürfigkeit.

Wie das Sterntalermädchen breitet er sein Kleidchen aus und empfängt die Sterne, die wie Goldmünzen vom Himmel fallen.

Ich mag diese Sorte Mensch, weil man genau weiß, woran man ist. Und ich gebe auch gern zu, dass ich selbst zu dieser Kategorie gehöre. Will mich jemand im Restaurant einladen, nehme ich dankend an. Bietet mir jemand den Vortritt an, lächle ich würdevoll und gehe voran. Steckt mir jemand Geld zu, sage ich nur einmal: „Das ist aber nicht nötig!", bevor ich die Münzen bereitwillig einstecke.

Einmal wurde ich Zeuge eines wahnwitzigen Battles zwischen meiner Mutter und ihrer Freundin Alex. Beide hatten einen schönen Tag in der Sauna verbracht. Sie verabschiedeten sich im Auto, als Alex meiner Mutter einen Zehn-Euro-Schein für die Fahrt zusteckte. Meine Mutter gab ihn ihr sofort zurück mit den Worten: „Das ist nicht nötig!" Daraufhin legte Alex den Schein ins Handschuhfach. Woraufhin meine Mutter wiederum den Schein nahm und ihn mit den Worten: „Das ist wirklich nicht nötig!" energischer als zuvor zurückgab. Es folgte ein hitziger Schlagabtausch darüber, wer, wann und warum die letzten Saunafahrten, Saunaeintritte und Saunadrinks bezahlt hatte.

Schließlich gab Alex mir den Schein und stieg verärgert aus. Meine Mutter jedoch stieg ihr hinterher und jagte sie mit einer Flasche Sekt ins Haus. Sie konnte es einfach nicht ertragen, das Geld ohne Gegenleistung anzunehmen.

Leute! Nehmt euch ein Beispiel am Empfänger-Typ 5! Wenn man selbst hin und wieder eine gute Tat tut, kann man mit gutem Gewissen auch einfach mal empfangen. Man muss die Sterne nicht wieder zum Himmel hinaufwerfen.

EMPFÄNGER-TYP 5: STERNTALER

Sterntaler sind Empfänger der Kategorie „Immer her damit" – die Empfänger in Reinform. Sie empfangen mit offenen Händen, die wie zufällig locker geöffnet im Schoß liegen. Sie sind präsent und ehrlich. Bei diesem Typen weiß man, woran man ist. Bietet ihnen jemand etwas an, sagen sie nicht Nein. Sie verstecken sich nicht hinter falscher Bescheidenheit oder übertriebener Unterwürfigkeit. Wie das Sterntalermädchen breiten sie ihr Kleidchen aus und empfangen die Sterne, die wie Goldmünzen vom Himmel fallen.

Die 290. gute Tat: Männerarbeit

Gebe heute bereitwillig etwas in die Kollekte im Gottesdienst, weil es meinen Mann ärgert, dass ich für gewöhnlich nur dann spende, wenn ich es später absetzen kann. Verwendungszweck am heutigen Sonntag: Männerarbeit. Thema in der nächsten Männerstunde: „Entdecke deine weibliche Seite." Und so schließt sich der Kreis.

Nachtrag: Bin ab morgen vier Tage im Urlaub. Sollte Erholungsurlaub nach der Übelkeit werden. Nun wird es eben nur ein Erholungsurlaub. Das ist aber auch nicht schlecht.

Gute Taten Nummer 291, 292, 293 und 294: Die Maschine läuft wieder

Ich muss gestehen: Ich war echt faul im Urlaub. Es hat sich aber auch gar nichts ergeben. Einmal bot mir mein Mann an, es wäre eine gute Tat, wenn ich ihm bei einem Monolog über Zeitreisen zuhören würde (er hatte mal wieder die PM gelesen). Aber selbst da lehnte ich dankend ab.

Gestern dann Tag 291 und bisher nur 290 gute Taten. Die Maschine musste dringend wieder anspringen. Ich putzte allein die ganze Wohnung, damit mein Mann seine Arbeit und später die heilige Bandprobe/kurfürstliche Diskussionsrunde rechtzeitig schaffte (291) und brachte meiner Schwester Pfannkuchen vorbei (292). Außerdem zwang ich sie nicht, mir die Haare zu tönen. Das werde ich aber heute nachholen. Heute früh fütterte ich die Hasen (293) meiner Eltern. Dachte dabei an den leckeren Hasenbraten am ersten Advent. Und für heute Abend habe ich für Til einen besonders schönen Liebesfilm in der Videothek vorbestellt (294). Ich denke, da wird er sich freuen. Immer nur diese Actionfilme, nein, das mag er gar nicht.

Neben dem Artikel über Zeitreisen hatte mein Mann in der PM noch einen anderen, für mich etwas interessanteren Beitrag gefunden. Er erzählte mir von folgender wissenschaftlichen Untersuchung: Der Doktorand Kurt Gray rekrutierte 91 Versuchsteilnehmer aus einer U-Bahn-Station. Der Psychologe teilte die 49 Frauen und 42 Männer mit einem Durchschnittsalter von 32 Jahren in zwei Gruppen: Die einen ließ er je einen Dollar an das Kinderhilfswerk UNICEF spenden, die anderen durften den Dollar behalten.

Danach mussten die 91 Probanden eine fast zwei Kilo schwere Hantel mit ausgestrecktem Arm halten. Dabei konnten die Spender das Gewicht im Durchschnitt fast sieben Sekunden länger halten. Für den Harvard-Absolventen war das der klare Beweis: Menschen, die Gutes tun, verfügen über eine stärkere Physis, mehr Zähigkeit, mehr Willenskraft. Sie besitzen nicht etwa von Natur aus mehr Kraft, sondern erlangen sie, gerade weil sie Gutes tun.

Interessant. Ich dachte immer, die guten Taten ziehen meine Kraft ab. Dabei geben sie mir Kraft? Könnte was dran sein.

Die 295. gute Tat: Der Umzug

Wir werden im November umziehen. Dieses Vorhaben eröffnet sicher eine Unmenge an Möglichkeiten für gute Taten:

Zum Beispiel habe ich meinem Schwiegervater bereits versprochen, dass er die Waschmaschine, die er bei unserem Einzug so tatkräftig hochgetragen hat, auch wieder runtertragen darf. Und meinem Mann, dass Pink dieses Mal nicht unbedingt das beherrschende Farbthema der Wandgestaltung sein muss. Eine weitere gute Tat habe ich heute schon umgesetzt: Ich gebe unsere sehr gut erhaltene TV-Wand kostenlos an die örtliche Möbelbörse. Die Frage nach einer Waschmaschine muss ich leider verneinen, die habe ich ja schon jemand anderem versprochen.

Die 296. gute Tat: Wieder an der Saunabar

Ich stehe mal wieder an der Saunabar und bestelle zwei Cocktails für mich und meine Freundin Lotta, alkoholfreie natürlich. Außer 1000 Eiswürfeln haben die aber nicht viel zu bieten. Obwohl wir zwei Minuten verzweifelt und äußerst lautstark (ich hasse diese rücksichtslosen Badegäste) auf den Böden unserer Gläser herumsaugen, bleibt, wie gewöhnlich in der Sauna, nur heiße Luft.

Lotta (siehe Empfänger-Typ 2 „Der Engagierte") kann diese gute Tat nicht unvergolten lassen und holt gleich noch zwei Drinks. Mir soll's recht sein. Und für die Eiswürfel finden wir dann auch noch gut Verwendung …

Die 299. gute Tat: Sparen

Heute zum Weltspartag habe ich mir Folgendes vorgenommen: Ich spare bis Jahresende jeden Tag einen Euro. Das angesammelte Geld verwende ich dann für eine gute Tat. Auch eine Idee für dich?

Die grandiose 300. gute Tat: Frühstücksbeutel

Es ist die klassische Szene: Die sechs Mitglieder der Band Kurfürst und ihre zwei Tänzerinnen sitzen frühmorgens im Bandbus. Gut gelaunt starten sie in irgendeine, meist sehr weit weg gelegene Region Deutschlands zum erhofften Knüllerauftritt des Jahres. Obwohl fast jeder eine Trommel, eine Gitarre oder die geliebte T-Shirtbox auf oder zwischen den Knien balanciert, sind alle froh, wenn es dann endlich losgeht.

Wir biegen zuerst von der Parkstraße auf die Heinrich-Heine-Straße ab. Genau an dieser Kreuzung hört man regelmäßig Merlin von der letzten Reihe, Fensterplatz, stöhnen: „Können wir bei McDonalds halten? Ich habe noch nicht gefrühstückt."

Das Unglück nimmt seinen Lauf. Jonathan, Bruder im Zugzwang, muss seine Fahrtverpflegung teilen. Til witzelt, Jonathan könnte Merlin auch gleich alles überlassen, dann müsste er keinen Fett-weg-Gürtel mehr tragen. Martin formuliert in Gedanken eine E-Mail: Darin kritisiert er mal offen Merlins fehlendes Frühstück und Tils schlechte Witze und droht mit seinem Austritt, sollte sich an diesen Problemen nichts ändern. Christoph sagt, wir müssten so oder so anhalten, er müsse mal aufs Klo.

Wir warten ewig vor dem Toilettenhäuschen und werden von der Polizei kontrolliert. Sie möchte unsere Ausweise sehen. Jakob sieht auf seinem Passbild aber wie ein netter Junge aus und nicht wie jetzt … wie … na wie ein Bassist eben. Glücklicherweise drückt die Polizei ein Auge zu. Endlich kommt auch Chris wieder. Er hatte kein Klopapier mehr, um die Tür von innen zu öffnen und musste erst mehrere Minuten Mut sammeln, um sie berühren zu können.

Heute erspare ich mir zwar die Fahrt mit der Band nach Ostfriesland, komme aber trotzdem um 6:30 Uhr zum Treffpunkt. Und ich überreiche Merlin einen gefüllten Frühstücksbeutel. Er bedankt sich überschwänglich. Gerade heute hätte er es noch nicht geschafft, irgendwas zu essen. Ha!

Folgende wichtige Dinge habe ich während der letzten 100 Taten gelernt:

1. Versuche nie, jeden Tag eine gute Tat zu tun, wenn du an bösartigem, nicht verschwinden wollendem Schwangerschaftserbrechen leidest.
2. Versuche nie, jeden Tag eine gute Tat zu tun, wenn du an bösartigem, nicht verschwinden wollendem Schwangerschaftserbrechen leidest.
3. Lass es sein.
4. Das Krankenhaus ist ein hervorragender Ort für gute Taten. Die Kloschüssel nicht.
5. Versuch es bitte erst gar nicht.
6. Bei nur einem Prozent aller Schwangeren hält die Übelkeit über den dritten Monat hinaus weiter an.
7. Man kann nicht gut sein, wenn einem schlecht ist.

Klappe die 301.: Alles hat seine Zeit

Alles hat seine Zeit. Und da ich heute eine Stunde mehr habe, möchte ich sie verschenken. Ich rufe meine Tante an, die sich immer freut, wenn ich an sie denke und sie teilhaben lasse. Also gut, ehrlich gesagt, habe ich 50 Minuten mehr geschlafen und zehn Minuten telefoniert. Aber wie heißt es nicht im Buch der Weisheit: „Schweigen hat seine Zeit und Reden hat seine Zeit."

Lachen hat seine Zeit und Weinen hat seine Zeit. Klagen hat seine Zeit und Tanzen hat seine Zeit. Alles hat seine Zeit. Ich wünschte mir nichts sehnlicher, als dass sie für die Übelkeit endlich abgelaufen wäre. Ich war jetzt im fünften Monat und mir war immer noch schlecht. Eines hatte sich jedoch entschieden verändert. Ich hatte begriffen, dass ich meinen Alltag im Allgemeinen und die guten Taten im Besonderen nicht allein meistern musste. Ich brauchte nicht alles allein zu stemmen und konnte es auch schlichtweg nicht. Ich brauchte Gott. Und er half.

Er hatte den ersten Tag im Oktober mit all seiner Härte zugelassen. Es war wichtig, dass ich ins Krankenhaus gekommen war. Dort bekam ich genügend Nährstoffe, um mich und das Baby am Leben zu halten. Und Vomex, ein Mittel gegen Übelkeit, welches mein treuer Wegbegleiter werden würde.

Aber Gott schenkte noch mehr Dinge, die mir Aufwind verschafften. Wir verbrachten vier herrlich erholsame Tage in einem Wellnesshotel in den bayerischen Alpen. Als ich im Ruhebereich auf einem beheizten Wasserbett im Vomexrausch vor mich hindöste, spürte ich zum ersten Mal die Tritte meines Sohnes. Das gab mir neue Energie! Und auch der Umzug weckte neue Lebensgeister in mir. Wir konnten unseren Wohnungswechsel für Ende November planen. Immerhin einen Monat eher als im Mietvertrag ursprünglich vorgesehen. Wir würden in eine kleine Wohnung im Haus meiner Eltern ziehen. Ich freute mich riesig auf das Nachhausekommen. Und darauf, endlich dieses blöde, rote Sofa rausschmeißen zu können. Seit ich schwanger war, ertrug ich seinen Geruch nicht mehr und konnte nur noch auf ihm sitzen, wenn ich meine Bettdecke untergelegt hatte.

Obwohl die Umstände anders waren als erhofft, hatte ich wieder mehr Kraft, die Dinge anzupacken. Ich hatte wieder mehr Lust auf gute Taten. Nun war ich mir auch ziemlich sicher, dass ich das Experiment erfolgreich beenden würde.

Und die Übelkeit? Ich rechnete nicht mehr damit, dass sie vor der Geburt im März nächsten Jahres verschwinden würde. Und doch sollte es geschehen.

November: Bin ich jetzt ein besserer Mensch?

„Der Mut wächst immer mit dem Herzen, und das Herz wächst mit jeder guten Tat.“ Adolph Kolping

Die 302. gute Tat: Einen Tag lang nicht lügen

Gestern fiel mir ein Buch von einem Journalisten in die Hand, der darüber schreibt, 40 Tage lang nicht zu lügen. 40 Tage – wie niedlich. Seinen Mitmenschen ehrlich gegenüberzutreten, hat zumindest einen Platz bei 365 guten Taten verdient. So lege ich heute jedes meiner Worte auf die Goldwaage.

Ich möchte mit Chris die Fensterbretter für unsere neue Wohnung aussuchen. Da der örtliche Handwerksbetrieb nicht die passenden Muster hat, empfiehlt uns der Fensterbauer den Steinmetz in der nächst größeren Stadt. Ob ich wisse, wo der sei? Mein Mann schaltet sich gedanklich sofort aus, da er nicht aus der Gegend kommt. So erklärt der Handwerker mir den Weg. „Wissen Sie, wo die Aral-Tankstelle in Stollberg ist?“

„Ja. Sicher.“ (1. Lüge)

„Gut, dort müssen Sie rechts hoch. Wissen Sie, dort ins Gewerbegebiet."

„Mm, ja. Weiß, wo." (2. Lüge)

Der Mann erklärt weiter, da ich wahrscheinlich nicht sehr überzeugt wirke: „Das Gewerbegebiet, das sehen Sie rechter Hand schon an der Ampelkreuzung. Dort wo's links nach Niederdorf geht und rechts in die Stadt rein."

„Ja, ja, ist klar." (3. Lüge)

Muss später im Auto gestehen, dass ich keinen blassen Schimmer habe, wo der Steinmetz sein könnte. Mein Mann ärgert sich. Ich mich auch. Gerade heute, wo ich nicht lügen wollte ... Das war ja wohl ein voller Reinfall.

Wir googeln den Betrieb und tippen die Adresse ins Navi ein. Glück gehabt.

„Einen Tag lang nicht lügen" – schwerer als gedacht.

Die 303. gute Tat: Für einen Fremden den Kinoeintritt bezahlen

Kinodienstag. Perfekt für meine heutige gute Tat. Um mich aufzuwärmen, bezahle ich zuerst den Eintritt für mich und meine Schwester Emmi. Dann kaufe ich noch eine dritte Eintrittskarte. Diese schiebe ich der Kassiererin verschwörerisch über den Tresen zurück mit der Bitte: „Schenken Sie die Karte der fünften Person, die nach mir bezahlen möchte." Emmi blickt derweil angestrengt auf ihre Popcorntüte. Ihr sind meine Gute-Taten-Aktionen häufig unangenehm.

Schließlich sitzen wir entspannt im noch hell erleuchteten und gut gefüllten Kinosaal. Plötzlich stürmt die Kassiererin hektisch herein und ruft laut in die Menge: „Also das mit der Karte, die ich der fünften Person schenken sollte, also das ist schiefgegangen. Die wollte sie nicht. Was soll ich jetzt tun?“

Meine Schwester wird kreidebleich. Schnell springe ich auf und arbeite mich durch die Reihe zu der völlig aufgelösten Frau vor. Betont leise sage ich, sie solle die Karte einfach irgendjemandem schenken. Es wäre eine gute Tat. „Oder wenn ich Ihnen Ihr Geld einfach wieder zurückgebe?“, ruft sie immer noch viel zu laut.

Geduldig wiederhole ich und betone dabei jedes einzelne Wort: „Das ist heute eine gute Tat!“ Meine Schwester ist nunmehr völlig im Sitz verschwunden, und ehrlich gesagt, hoffen wir beide, dass das Licht endlich ausgehen möge.

Nach dem Film erzählt mir die Kassiererin sichtlich erleichtert: Sie konnte die Eintrittskarte zum Nulltarif doch noch jemandem schenken.

Fremde sind ein äußerst schwierig zu beschenkender Typ. Argwöhnisch, zurückhaltend und abweisend haben sie tendenziell die Hände eher tief in den Manteltaschen vergraben anstatt sie empfangend zu öffnen.

Will man einem Fremden etwas Gutes tun, tänzelt man ständig auf einem schmalen Grat zwischen angemessen und nicht angemessen. Einiges ist erlaubt oder sogar erwünscht: einem Fremden die Tür aufhalten, einen Sitzplatz anbieten oder etwas Heruntergefallenes aufheben. Gibt man seinem Gegenüber dann jedoch einen netten Gruß mit auf den Weg, nachdem man ihm die Tür aufgehalten hat, ist man schon übers Ziel hinausgeschossen und outet sich als Freak. Anscheinend gehen Fremde einen nichts an. Daran hat sich wohl unsere ganze Gesellschaft gewöhnt.

Fremde sind eine „harte Nuss“, doch ich wollte sie knacken. Ich schilderte das Problem meinen Lesern im Blog und bekam mehrere Tipps. Blumen, Süßigkeiten oder liebe Worte in der Fußgängerzone zu verteilen, verwarf ich sofort. Ich wollte weder als Anhänger einer religiösen Sekte erscheinen noch als Drogendealer oder Verkäuferin dubioser Versicherungen. Eine Leserin schlug vor, ich könnte mich auf den Marktplatz stellen, einen mit Münzen gefüllten Hut vor mich hinlegen und laut rufen: „Ich verschenke Geld!“ Ich war zwar schon viel mutiger geworden, aber das war definitiv eine Nummer zu furchtlos für mich. Der Vorschlag mit der Kinokarte erschien mir da sicherer. Es hatte den entscheidenden Vorteil, dass ich anonym bleiben konnte. So hatte ich jedenfalls gedacht.

EMPFÄNGER-TYP 6: DER FREMDE

Es ist eine Kunst, Fremde zu beschenken. Denn meist sind sie argwöhnisch: Wo ist der Haken an der guten Tat? Was soll ich dafür tun? Scheinbar haben wir uns daran gewöhnt, dass es kaum etwas Gutes umsonst gibt …?

Kurzum, einem Fremden eine gute Tat angedeihen zu lassen, ist schwierig. Letzten Endes nimmt der doch eher die Füße in die Hand als die gute Tat an.

Die 307. gute Tat: Premiere

Wollte eigentlich stolz ins Feld führen, dass ich meinem Mann bei den Malerarbeiten helfe – trotz zunehmend wachsendem Babybauch, Übelkeit oder Tablettenrausch. Da ich jedoch zweimal (!!) den Putzlappen anstatt in den Wassereimer in den frischen Farbeimer tunke, senke ich zerknirscht mein Haupt.

Verschenke stattdessen Blumen an zwei Freundinnen meiner Mutti am Abend zu ihrer Theaterpremiere.

Für heute nehme ich mir fest vor, die Malerarbeiten besser zu unterstützen. Habe folgendes Mantra entwickelt: Ich werde den Lappen nur in den Wassereimer werfen.

Bin guter Dinge …

Die 308. gute Tat: Pinke Wandkunst

Ja, meine Mitarbeit beim Streichen unserer neuen Wohnung kann heute sicher als gute Tat gewertet werden. Ist bloß doch etwas pinker geworden als gedacht. Na ja …

Chris und ich diskutierten nicht nur über die himbeerfarbene Wohnzimmerwand. Es gab weitere Punkte: 1. Abi-Urne, 2. Detektiv-Buch und 3. Staffelei.

Nach der anstrengenden Abiturphase hatte ich mit mir selbst eine Trauma-Therapie durchgeführt. Die Hefter der verhasstesten Fächer, meine Kleidung, die ich zur Prüfung trug, meine Abiturvorbereitungsbücher ... all das hatte ich fotografiert und die Fotos später symbolisch verbrannt. So befreite ich mich von aller Angst, aller Lernfolter und dem ganzen Leistungsdruck der Prüfungszeit. Die Asche dieser Fotos befand sich seitdem in einer Das-Abi-kann-mich-mal-Urne. Chris fand, es sei an der Zeit, dieses Ungetüm wegzuschmeißen. Das fand ich nicht. Des Weiteren forderte er mich auf, mein Lieblingsbuch aus Kindertagen „Detektiv-Klub viereinhalb“ zu entsorgen sowie meine Staffelei, an der ich schon seit zwei Jahren nicht mehr gemalt hatte.

Ich hätte mühelos die vielfältigsten Gründe aufzählen können, warum ich mich von diesen Dingen unmöglich trennen konnte. Oder ich hätte einfach unter Tränen schluchzen können: „Ich bin schwanger. Ich kann deine Gemeinheit in diesem Zustand einfach nicht ertragen.“ Da ich mich jedoch im Jahr der guten Taten befand, entschied ich mich anders. Ich gab bereitwillig die Urne auf, um meinen guten Willen zu zeigen. Blieb bei dem Buch und der Staffelei aber uneinsichtig. Schließlich hatte auch Chris einige Leichen im Keller. Oder wer braucht bitteschön das Buch „Faszination Fliegen – die Welt der 1000 Kampfjets“ oder die eklige Milchzähnesammlung?

Klappe die 310.: Weihnachten im Schuhkarton

Ich strauchle, ich wanke, ich taste mich im Dunkel vorwärts. Ich kann die 365 schon schwach am Ende des Weges erkennen.

Immer näher komme ich ihr, auch durch meine heutige gute Tat: Weihnachten im Schuhkarton (www.geschenke-der-hoffnung.org). Das Paket ist gepackt und abgegeben, nur das Portogeld muss ich noch überweisen. Mach ich morgen. Denn dann heißt es ja wieder: jeden Tag eine gute Tat …

Wie bin ich nur darauf gekommen?

Die 311. und 312. gute Tat: Das reicht für heute

Habe das freiwillig (!) zu zahlende Porto, immerhin sechs Euro, heute überwiesen.

Fahre nach dem Besuch einer Freundin am Haus eines ehemaligen Patienten vorbei, der letzte Woche verstorben ist. Seine Frau mochte ich noch nie besonders. Stets empfing sie mich mit den Worten „Ganz schön spät heute!“ und entließ mich später mit „Sie waren aber heute nur kurz da!“ Trotzdem halte ich an, klingle und übermittle mein Beileid. Ob ich ihr gleich mal die Haare waschen könne, fragt sie mich in altbekannter Manier, wo ich doch einmal da wäre!

Das musste ich aber nun wirklich ablehnen. Zwei Taten reichen für heute!

Die 313. und 314. gute Tat: Der Rhetorikkurs

In den letzten beiden Tagen habe ich unseren Rhetorikkurs vorbereitet und durchgeführt. Als erste gute Tat möchte ich schlichtweg die Tatsache ins Feld führen, dass ich überhaupt als Referentin mitmache, trotz Beschäftigungsverbot. Außerdem habe ich einem Teilnehmer, der unentschuldigt nicht gekommen ist, die ganze Kursgebühr abgeknöpft. Danach hatte ich so ein schlechtes Gewissen, dass ich den restlichen Kursteilnehmern die Gebühr erließ.

Okay, das war ein Witz.

Aber immerhin habe ich nie meine Regel vergessen: fünfmal Lob, einmal Kritik. Und das, obwohl manche Redner in puncto Lautstärken-Regelung völlig entgleisten, einige Fantasten Argumente erfanden, die selbst mit der Lupe unersichtlich blieben, und ein Teilnehmer das Buch „Vergiss alles über Rhetorik!" mitbrachte. Dabei habe ich nichts schöngeredet, sondern versucht, den Blick auf die Stärken zu öffnen und Mut zu machen. Auf einen Teilnehmer bin ich direkt zugegangen und habe gesagt: „Dein Vortrag war heute der Beste von allen."

Gute Tat Nummer 315: Heute schon was Gutes getan?

Es wird mir langsam so vertraut, wie die Augen meines Mannes erwartungsfroh leuchten, wenn er abends auf der Couch lauernd fragt: „Hast du heute schon eine gute Tat getan?" Dann schnappt er sich die Fernbedienung und quält mich mit Sport, „Kronzuckers Kosmos" oder einem der vielen dämlichen Weltuntergangsfilme …

Na warte nur, mein Freund, dir bleiben noch 54 Tage, und dann kommt meine Liebesfilmrache!

Den Satz „Hast du heute schon eine gute Tat getan?“ hörte ich des Öfteren, nicht nur von meinem Mann. Aber da ich fast jede Aufforderung zu einer guten Tat dankbar annahm, kam mir der Ausnutzer gerade recht.

EMPFÄNGER-TYP 7: DER AUSNUTZER

Ausnutzer sind das „Fass ohne Boden“ unter den Empfänger-Typen. Sie bekommen einfach nie genug. Ihnen ist kaum ein Geschenk zu groß oder eine gute Tat zu viel verlangt. Geschickt stellen die Nutznießer Fragen wie: „Magst du mir deinen Lieblingspulli schenken?“ oder „Hilfst du mir, mein Zimmer auszumisten?“

Der Typ „Fass ohne Boden“ ist scheinbar nur auf mein Wohl bedacht. In Wahrheit jedoch verbucht er einfach einen Vorteil aus der Situation. Und zwar auf sein Konto. „Hilfst du mir, meinen Kleiderschrank auszumisten?“ – „Willst du mir deinen rosa Bademantel schenken?“ – „Darf ich dir etwas über Zeitreisen erzählen?“ sind allesamt Forderungen des geschickten Nutznießers. Theoretisch hatte ich die Möglichkeit, Nein zu sagen und tat das auch hin und wieder. Im November allerdings hätte man mich quasi um alles bitten können, langsam aber sicher gingen mir nämlich die Ideen aus. Gut, dass das niemand außer meinem Mann wusste.

Der Ausnutzer und ich gingen eine seltsame Art von Symbiose ein. Ich brauchte gute Taten, er gab mir Gelegenheiten dazu. Ich war sicher, dass der Empfänger-Typ 7 ein merkwürdiges Produkt meines merkwürdigen Experimentes war. Hoffentlich würde er mitsamt seinen Wünschen nach den 365 Tagen auch wieder verschwinden.

Die 316. Tat: Einmal Capri-Sonne

Gestern bezahlte ich für meine Schwester Emmi eine Capri-Sonne im Supermarkt. Sie war weder vom Austrocknungstod bedroht, noch hatte sie kein eigenes Geld. Ihr „Problem“: Sie wollte ihren Schein nicht „anreißen“ … So viel Verständnis bei so viel Sinnlosigkeit: definitiv eine gute Tat.

Die 317. gute Tat: Mein Vati auf YouTube!

Heute hat mein Vati ein neues Lied auf seinen YouTube-Kanal gestellt: „Ich will doch nur spielen“ von Annett Louisan! Er schaut sich sein eigenes Video jeden Tag bestimmt zehnmal an, weil ihn sein eigener Gesang dermaßen bewegt, und auch, um seine Klickanzahl nach oben zu treiben.

Ich bin ja nicht so, schaue mir das Video an (blinzle durch einen Schlitz zwischen meinen Fingern, mit denen ich meine Augen zuhalte) und produziere so einen neuen Klick.

Die 319. gute Tat: Steigende Anforderungen

„Hattest du gehört, dass ich mir diese besondere Creme wünsche?“, fragt mich mein Mann schon leicht ungeduldig. Jetzt geht es also schon nicht mehr nur um die gute Tat als solche, sondern auch noch um die Geschwindigkeit der Wunscherfüllung. Gern hätte ich ihm daraufhin geantwortet, dass ich auch schon lange auf meine immer mal wieder dezent fallen gelassenen Wünsche warte: die unheimlich zartschmelzenden Lindor-Schokopralinen, die CD von Melody Gardot, eine Schwangerenstrumpfhose, dass er den Müll rausbringt und unseren Umzug koordiniert …

So, mein Herr, heute hast du deine Creme bekommen. Ich warte immer noch.

Nachtrag: Gerade hab ich ihn wieder auf die CD angesprochen. „Na, dann hol sie dir doch mal!“, rief er entnervt aus dem Nachbarzimmer. Jetzt reicht's.

Aller guten Dinge sind drei: Klappe die 320. und 321.

Einen Baum pflanzen, ein Kind zeugen: Alles schon gemacht. Nun wäre da noch die Sache mit dem Haus. Gartenhaus, Puppenhaus, Pfefferkuchenhaus … Vogelhäuschen! Perfekt! Ich restauriere unser altes Häuschen-Skelett (1. gute Tat) und hänge sogar noch ein paar Meisenringe rein (2. gute Tat).

Hätt ich mich nicht selber mit der blöden „365“ gegeißelt, würde sich ein Schlussstrich doch heute super anbieten. Aber was wäre dann mit den armen Igeln, den Rehen und den Menschen im Allgemeinen?

Nun hatte ich sogar das vielzitierte Pflichtprogramm Baum-Kind-Haus absolviert. Langsam aber sicher neigte sich das Jahr dem Ende zu und es wurde Zeit, mir ein paar wirklich wichtige Fragen zu stellen: Hatte ich mich durch das Experiment verändert? War ich jetzt ein besserer Mensch? Und wenn ja, würde die Veränderung von Dauer sein?

Eines war klar: Meine Taten hatten mich zu hundert Prozent verändert. Wenn ich ganz ehrlich war, hätte ich ohne mein Experiment keine der guten Taten im November getan. Oder sagen wir mal fast keine. Ich hätte kein Weihnachtspaket für ein hilfsbedürftiges Kind gepackt, ich hätte keinem Fremden den Kinoeintritt bezahlt und ich hätte auch nie das Vogelhäuschen restauriert. Eher hätte ich es weggeschmissen. Ich handelte also bewusst anders, hatte meine Mitmenschen und sogar die lieben Vögelchen neu und tatkräftig im Blick. Aber hatte sich auch mein Herz verändert?

Im Moment kam ich mir vor wie jemand, der immer die Fleißhausaufgaben erledigte. Das war fast unmenschlich schwer, aber ich tat es. So erweiterte ich meinen Horizont. Ich war aufmerksamer, liebevoller und großzügiger geworden. Und auch etwas mutiger, wenngleich es weiterhin Spielraum nach oben gab. Vor allem aber war ich glücklicher.

Der Blog half mir, dranzubleiben. Ich wusste, meine guten Taten wurden erwartet, verfolgt, für gut oder sehr gut befunden. Nur: Würde ich die Fleißhausaufgaben auch noch machen, wenn niemand mehr abschreiben wollte?

Die 322. gute Tat: Hausbesuch

Bevor ich der Stadt Ende dieser Woche den Rücken kehre, möchte ich noch einmal ein paar lieb gewonnene Patienten besuchen. Den Anfang macht Herr Schulze, ein Schlaganfallpatient. Er ist kaum älter als mein Vater. Ich begrüße die Frau, den Sohn und die Schwiegermutter, erkundige mich nach dem Ergehen der Tochter im Ausland und den Entwicklungsschritten des kleinen Neffen. Ich ermutige Herrn Schulze, die Gehversuche nicht aufzugeben.

Mein ehemaliger Patient freut sich sehr über meinen Überraschungsbesuch. Bis zum Verlassen der Wohnung ruft er mir immer wieder nach, dass er mir alles Gute wünscht.

Die 324. gute Tat: Allerlei Esserei

Gestern habe ich meine Freundin Patrischa zum Essen eingeladen (ein kleiner Salat und zweimal Besteck). Heute schenke ich meiner ehemaligen Patientin Andrea eine Winterschokolade zum Abschiedstreffen. Ich lobe ihre sprachlichen Fortschritte und ihre Backkunst, als ich an den duftenden Plätzchen knabbere, die sie mir zu Tee und Räucherkerzchenduft serviert. Durch mein gedankenloses Lob aufgefordert, ruft sie gleich ihren Mann dazu, der die heute vorbereitete Delikatesse präsentieren soll: ein Zungen- und Gehirngemisch von neun Hasenköpfen. Ich musste aber nicht kosten … Puh!

Gute Tat Nummer 325: Noch mal vielen Dank

Ich danke meiner fast schon ehemaligen Nachbarin noch einmal für ihre Blumengießdienste während unserer Urlaube. Sie bedauert, dass wir ausziehen. Natürlich. Wer lebt schon nicht gern mit Theresa Gutmensch unter einem Dach?

Die 326. gute Tat: Ehrenamtlicher Besuchsdienst

Bei meinem dritten und letzten Patientenbesuch bin ich heute im Pflegeheim. In meinem „ehrenamtlichen Besuchsdienst" entdecke ich hohe gesellschaftliche sowie persönliche Brisanz. Nehme mir vor, die Patienten auch nach meinem Umzug und den 365 Acts weiterhin zu besuchen. Auch nachdem mir ein Bewohner heute schon „frohe Ostern" gewünscht hat. Ich nehm das mal nicht persönlich.

Die 327. und 328. gute Tat: Der Umzug, letzter Teil

War die letzten zwei Tage intensiv mit unserem Umzug beschäftigt. Es ergaben sich leider doch nicht so viele Möglichkeiten für gute Taten wie gedacht. Ich hatte zur Erheiterung der Umzugsmannschaft die Hälfte aller Umzugskartons mit „Diamanten" beschriftet, war aber dann doch nicht so der Knüller. Auch dass ich, umsichtig und vorausschauend, regelmäßig einen auf die Sekunde getimten Countdown für die geplante Abfahrt des Umzugsautos durchsagte, kam nicht so gut an.

Zwei gute Taten gingen am Samstag trotz allem auf mein Konto. Ich habe:

- meinem Mann am Abend eine Badeessenz für ein Entspannungsbad geschenkt und mit genossen.
- einem Helfer ein kleines Geschenk für den Geburtstag seiner Frau mitgegeben.

Der Umzug fiel auf den ersten Advent. Ich ließ der Nachmieterin kostenlos ein paar Sachen da, wie Lampen oder selbst gebaute, maßgeschneiderte Möbelstücke, für die wir in der neuen Wohnung keine Verwendung mehr haben würden. Das rote Sofa ließen wir vom Sperrmüll abholen. Yes! Ich klopfte den Staub der alten Wohnung von meinen Kleidern, atmete die kühle Novemberluft tief ein, ging noch einmal eine Runde im Park spazieren und schloss dieses Kapitel meines Lebens.

Romantischerweise begann es zu schneien. Sehr gut. Schnee würde mir die unterschiedlichsten Ansätze für gute Taten liefern. Ich könnte Til eine aus Schnee geformte Schafsknackwurst schenken. Oder meinen Vati durch gemeinsames Schneeschippen von seinen Online-Aktivitäten ablenken. Perfekt. Im neuen Zuhause angekommen, verstaute ich mein Lieblingsbuch „Detektiv Klub viereinhalb" brav in der zweiten Bücherreihe und die Staffelei hinter dem Vorhang. Und meine Abi-Urne im Bettkasten unseres neuen Sofas – aber pssst!

Die 330. und 331. gute Tat: Schneetaten

Wir sind bei meinen Eltern ins Haus gezogen. Jetzt habe ich die perfekten Abnehmer für meine guten Taten quasi vor der Tür. Und schon geht's los: Kämpfe mich am Morgen durch den Schneesturm und hole Brötchen. Hänge eins der Mutti an die Tür.

Später lobe ich einen fleißigen Schneeschippmeister, dass er extra für mich den Parkplatz vorm Supermarkt so schön freigeräumt hat. Er freut sich und bestätigt: „Ja, extra für Sie!"

Bin gut gelaunt, heute eine Tat zusätzlich getan zu haben. Morgen heißt es den ganzen Tag: Entspannung in der Sauna. Falls nicht einer umkippt und meine lebensrettenden Fähigkeiten benötigt, kann ich es mir morgen leisten, mich mal wieder so richtig schön nur um mich zu kümmern! Herrlich!

Und dann geschah es plötzlich. Der Tag in der Sauna verging, ich hatte am Morgen kein Vomex genommen und musste auch am Abend keins einnehmen. Ich fühlte, wie die Würgeschlangen ihren Griff lockerten und schließlich ganz verschwanden. Die Farbe kehrte in mein Gesicht zurück, meine Augen bekamen neuen Glanz und mein Gang wurde unbeschwerter. Es war, als könnte ich endlich wieder frei atmen.

Geschätzte 65-mal hatte ich mich in den letzten vier Monaten übergeben. Und auf einmal war Schluss. Die Übelkeit verschwand am Ende des sechsten Schwangerschaftsmonates. Erst konnte ich es nicht fassen. Zögerlich, fast zaghaft entwarf ich eine Liste, was ich ab jetzt alles würde machen können: Einkaufen gehen, Wäsche waschen, Plätzchen backen ... und lachen. Endlich wieder lachen. Und das tat ich dann auch.

Dezember: Mein Leben hat einen Sinn!

„Auf dieser Welt lebt keiner vergebens, der die Bürde eines anderen leichter zu machen versucht.“ Helen Keller

Eine neue Kerbe im Pfosten: Weihnachten auf Mallorca

Heute schicke ich meiner Freundin Sue eine Weihnachtskarte mit integriertem Weihnachtskalender nach Mallorca. Sie wird die besinnlichste Zeit im Jahr wieder fern der Heimat feiern müssen. Trotzdem fröhliche Weihnachten, liebe Sue!

Weihnachtskarten sollten zur Basis-Ausstattung von Gutmenschen gehören. Also los. 333 Vorbild-Taten sollten Motivation genug gewesen sein. Schnapp dir einen Stift!

Die 335. gute Tat: Alles Gute!

Meine Kosmetikerin erwähnte scheinbar zufällig, dass sie am 3. Dezember Geburtstag hätte, als ich ihr während der letzten Behandlung von meinem Experiment erzählte. Der Tag rückte näher, doch auf einmal war ich nicht mehr sicher, ob sie 3. oder 2. Dezember gesagt hatte. Ich konnte mich nun langsam mit Recht eine erfahrene Guttäterin nennen. Da wollte ich mich nicht durch Anfangsfehler bloßstellen, wie sich im Geburtsdatum zu vertun. Auf keinen Fall sollte das Wort „nachträglich" über meine Lippen kommen.

Ich befrage die Verkäuferin des Tante-Emma-Ladens um die Ecke – die weiß immer alles und nennt mir den 2.12. als sicheren Geburtstag. Des Weiteren befrage ich meinen Vati, der sich sicher ist, dass sie im Januar ihren Ehrentag feiere. Schließlich höre ich auf mein Bauchgefühl, vertraue auf mein Erinnerungsvermögen und bringe der Kosmetikerin heute, am 3.12., einen Blumenstrauß vorbei.

„Sag mal", beginne ich und halte den Strauß hinter meinem Rücken versteckt, „hast du heute Geburtstag oder hattest du schon gestern?"

„Ich hatte gestern Geburtstag! Warum?"

„Ach so, na dann, nachträglich alles Gute!"

Die 340. gute Tat: Eimer, Lappen, Auto

Mein Mann möchte nach einer Bandtour vom Proberaum abgeholt werden. Ich soll einen Eimer mitbringen … und einen Lappen … und Wasser … wenn möglich warm … und Spülmittel: um den Bandbus zu reinigen.

Alle sind froh, als ich mit den angeforderten Dingen erscheine, allen voran der Bandvater Martin, der sich schon mit Schnee im Auto hat wischen sehen.

Alle außer Merlin. Der hätte es noch besser gefunden, wenn ich im Bikini zum Autowaschen gekommen wäre ;-)

Klappe die 341: Weihnachtspäckchen

Meine Schwester Elif kam gestern zu uns und fragte, ob wir noch etwas zum Mittag übrig hätten. Ich konnte nur den Kopf schütteln, wobei die letzten Spaghetti in meinen Mundwinkeln baumelten und die Soße über den Tisch tropfte. War von meiner eigenen Achtlosigkeit dermaßen überwältigt, dass ich zu keiner weiteren Tat, ob gut oder schlecht, imstande war.

Heute jedoch verschicke ich (!) selbst gebackene Plätzchen (!) an meine alte Schulfreundin Maria.

PS: Aus obiger Schilderung können gewissenhafte Leser evtl. herauslesen, dass meine Übelkeit jetzt, im siebten Monat, ein Ende gefunden hat. Welch ein Gefühl! Glückwünsche, vom Säcklein (wohl eher mordsmäßigem Zementsack) des Unwohlseins befreit zu sein, dürfen jederzeit bei mir, nicht aber bei meinem Ehemann, abgegeben werden. DER hat nämlich überhaupt keine Ahnung!

Die 342. gute Tat: Ein männliches Geschenk

Es mag an den zusätzlichen männlichen Hormonen liegen, die ich zurzeit in mir trage, dass ich meinem Mann dieses Jahr zum Geburtstag ein technisches Gerät schenkte: ein Handy. Keine Kosten und Mühen habe ich gescheut, um im Dschungel der

Mobiltelefone etwas Passendes zu finden. (Ich habe Til recherchieren lassen.) Mein Mann hat sich wie ein kleines Kind über die Unmenge an Funktionen gefreut und ich habe wissend genickt.

Anlässlich seines Geburtstages fuhren wir mit Til, Emmi und seinem neuen Handy ins Tropical Island. Ich danke hiermit derjenigen Person, die das Telefon meines Mannes draußen im Schnee gefunden und an der Kasse abgegeben hat! Eine gute Tat, die ihresgleichen sucht!

Ich danke des Weiteren meiner Schwester, die mich zwischen ein und zwei Uhr morgens auf der Horror-Schnee-Blitzeis-Fahrt nach Hause durch ihren kreativen Gesang wachgehalten hat.

Und Til möchte ich danken, dass er irgendwann aufhörte, mich grinsend aufzufordern, den vor uns stecken gebliebenen 40-Tonner als gute Tat anzuschieben.

Die 344. und 345. gute Tat: Mein Ex-Freund und meine Oma

Mutig steuere ich im Supermarkt mit einem freundlichen „Hallo, was machst denn du hier?“ auf meinen Ex-Freund Rayk zu. Peinlich: Es ist gar nicht Rayk. Aber wenigstens ist es eine weitere gute Tat in der Reihe: einem Fremden etwas Gutes tun.

Außerdem hole ich heute Oma zum Gottesdienst ab. Dafür muss ich zu einer reichlich unchristlichen Zeit aufstehen. Bin im Gottesdienst hundemüde und schrecke erst auf, als der Pfarrer etwas von Nächstenliebe im Advent und den Seniorengeschenken erzählt. Oh, hätte ich eine Mütze aufgehabt, ich hätte sie mir tiefer ins Gesicht gezogen.

Kommentar Estephania:

Habe dem DHL-Boten, der mir nun schon zum gefühlten tausendsten Mal ein Päckchen meines Lieblings-Internetversandhauses zustellt, selbst gebackene Plätzchen geschenkt und ihm damit ein Lächeln hinter seiner Hornbrille entlockt. UND ich habe das Kind meines kranken Nachbarn gesittet, damit der sich erholen kann. War schweißgebadet, als ich mit Kinderwagen und Tragetuch durch den Schnee stapfte. Aber ich habe es gern getan und werde es morgen wieder tun, wenn es nötig ist!

Vielleicht lag es daran, dass Estephania nun schon 345 Tage lang meinen Blog las? Oder daran, dass sie sich in den DHL-Boten verliebt hatte? Oder einfach an der zauberhaften Vorweihnachtszeit? Sicher hatte sie schon immer einen guten Kern in sich getragen. Auf jeden Fall machte ich in ihr die Bekanntschaft mit einem neuen Empfänger-Typen: dem Aktiven. Er hatte Gutes empfangen, es angenommen, sich bedankt, nichts nachgefordert, nichts kritisiert. Nun ging er einen entscheidenden Schritt weiter: Er fing auch an, Gutes zu tun. Er stand aus dem Zuschauersessel auf und trat auf die Bühne des Lebens. Bereit, endlich mitzumischen. Bereit, mehr zu geben als bisher. Bereit, mehr zu geben als üblich.

Ich sah im Dezember einige meiner Freunde und Bekannten zu Aktiven mutieren. Sie waren ein bisschen aufgeregter, ein wenig betriebsamer und ein wenig fröhlicher. Wahrscheinlich bekamen sie ein kleines bisschen Angst vorm Weihnachtsmann. Oder ein schlechtes Gewissen, weil man im Dezember so viele engagierte Gutmenschen im Fernsehen sieht. Vielleicht aber, und das hoffte ich, hatten sie einen zentralen Punkt verstanden: Man kann nur selbst glücklich werden, wenn man andere glücklich macht.

EMPFÄNGER-TYP 8: DER AKTIVE

Aktive stehen vom Zuschauersessel auf und treten auf die Bühne des Lebens. Sie tauchen besonders in der Vorweihnachtszeit auf. Es genügt ihnen nicht, nur Gutes zu empfangen. Sie wollen es weitergeben und suchen ganz bewusst nach Gelegenheiten. Ihre guten Taten entstehen nicht so selbstverständlich und fast unbemerkt wie bei den „Engagierten". Doch sie werden kreativ, packen mit an und haben viel Freude daran, Gutes zu tun.

Die 347. gute Tat: Der Klassiker bei Schnee

Die Gelegenheit zur gestrigen guten Tat ergab sich erst zwei Stunden vor Mitternacht. Ich erschien, wie abgesprochen, pünktlich am Proberaum, um meinen Mann abzuholen. Da die Kurfürsten in einer wichtigen Diskussion steckten (was kann wichtiger sein als eine schwangere, wartende Frau draußen im Schneesturm?), überbrückte ich die Wartezeit mit dem Abkehren und Abkratzen von Martins Auto.

Etwas später hatten wir Probleme, aus der Parklücke herauszukommen, in die ich unser Auto hineinmanövriert hatte. Martin fuhr freundlich winkend an uns vorbei.

Die 348. gute Tat: In der Weihnachtsbäckerei

Eigentlich wollte ich das Interview mit „Radio Bremen 4" heute als gute Tat erwähnen. Doch ich habe mich völlig blamiert. Ich weiß auch nicht, warum ich mich immer wieder zu Pressebeiträgen breitschlagen lasse. Denn ich muss leider feststellen, dass ich wesentlich besser schreiben als sprechen kann. Warum bin ich dann eigentlich Logopädin geworden?

Egal: Im Laufe des Tages überwinde ich den Schock. Ich backe ein paar Plätzchen, die ich morgen meiner Friseurin Sarah mitbringen werde. So kann ich den Tag doch noch zufriedenstellend abschließen.

„Radio Bremen 4" hatte sich auf die Fahnen geschrieben, in der Adventszeit, gemeinsam mit ihren Hörern, 24 gute Taten zu vollbringen. Klar, dass sie bei ihrer Recherche auf mich stießen und total begeistert waren von meinen tollen Ideen und meinem schier unbeugsamen Durchhaltewillen. So sagten sie es jedenfalls. Und schwupps, schlug die Falle zu. Ich hatte mich bereit erklärt, ein Radiointerview zu geben – das erste meines Lebens.

Wie schwer konnte es schon werden? Schließlich musste ich ja keine Expertenmeinung zu Pro und Kontra von Mindestlöhnen abgeben oder die Staumeldungen moderieren. Und immerhin hatte ich bisher 348 gute Taten geschafft und damit genug Gesprächsstoff. Was sprach also dagegen?

Radio Bremen: Hallo, liebe Theresa, gib doch unseren Hörern mal ein paar Beispiele, was du schon alles so gemacht hast.

Mist. Leere. Vollkommene Leere in meinem Kopf. Was habe ich alles schon gemacht? Keine Ahnung? Geld gespendet, ja, aber da waren doch auch noch andere Dinge ...

Theresa: Geld gespendet.

Radio Bremen: Aha, toll! Und ist auch mal was richtig schiefgegangen?

Theresa: Ja *(kichert dämlich)*. Ich habe mal einem Fremden im Kino eine Karte geschenkt und der wollte sie gar nicht.

Radio Bremen: Wie lustig. Und ist noch was schiefgegangen?

Dieser Radiofutzi nervt. Was soll ich mir denn noch alles aus den Fingern saugen ... Werde keinstenfalls die Story mit der Bibliothekarin und der Bodylotion erzählen.

Theresa: Hab einer Bibliothekarin schon mal eine Bodylotion geschenkt. Sie hat sehr erstaunt geguckt. Dann habe ich mich lange nicht mehr hingetraut.

Radio Bremen: Wie lustig. Theresa, sag unseren Hörern doch zum Schluss noch mal, was sich eigentlich bei dir verändert hat.

Sehr gute Frage, jetzt kann ich endlich mal etwas Niveau in dieses Interview bringen.

Theresa: Ich glaube, ich bin aufmerksamer geworden. Wenn ich jemanden sagen höre: „Meine Handytasche ist kaputtgegangen" blinken bei mir sofort sämtliche Alarmglocken, ähh ... höre ich sofort sämtliche Alarmlichter. Ähh, ich geb einfach mehr Geld aus als vorher.

Radio Bremen: Danke, Theresa, für das nette Gespräch. Mach weiterhin so viele gute Taten.

Zum Glück zu Ende. Komm, noch einen letzten guten Satz, das wirst du ja wohl noch hinkriegen.

Theresa: Ja, danke. Und ich wünsche den Lesern von Radio Brandenburg auch noch alles Gute, also viele gute Taten, viel Freude und äh ... frohe Weihnachten!

Die 349. gute Tat: Das war wohl nichts, oder?

Hoch motiviert stampfe ich heute, vom eisigen Nordwind unterstützt, durch die Schneemassen verschiedenster Hinterhöfe der Stadt, um dem 80-jährigen Herrn Franke das Weihnachtsgeschenk der Kirchgemeinde zu überreichen – siehe Predigt des letzten Gottesdienstes.

Nach 30 Minuten musste ich, die Königin der Hausbesuche, aufgeben. Ich habe die Hausnummer nicht gefunden. Gute Tat vereitelt. Fortsetzung folgt.

Als ich später am Tag für meinen Mann eine Kopie seiner Bachelorarbeit in der 40 Kilometer entfernten Unibibliothek abgeben wollte, verlief auch dieser Gute-Taten-Versuch erfolglos. Ich hatte den äußerst wichtigen Erfassungsbeleg vergessen und konnte vor Ort weder durch Schmeicheleien noch durch mein schauspielerisches Talent die Herzen der Bibliothekarinnen erweichen.

An das Sprichwort „Tu eine gute Tat und sprich nicht darüber" halte ich mich ja sonst nicht, heute wohl aber an den Umkehrschluss: „Tu keine gute Tat und sprich darüber."

Ach, halt! Ich hab doch noch was vergessen. Die folgende gigantomanische Tat rettet meinen Tag: Ich war für Kurfürst bei der Post!

Die 350. und 351. gute Tat: Seniorengeschenk II

Habe der Versuchung widerstanden, das Seniorengeschenk selbst zu behalten. Mache mich heute wiederholt auf die Suche nach der Hausnummer 26. Dieses Mal mit Unterstützung meines Mannes, dem selbst ernannten Navigationsgerät.

Natürlich findet auch er die 26 nicht, zumindest nicht auf der Augustusburger Straße, die ich fälschlicherweise als Zielort angenommen hatte. Ich müsste da schon auf der Augsburger Straße weitersuchen, buchstabiert er mir die auf dem Paket angegebene Adresse vor. Fortsetzung folgt.

Warte schon die ganze Woche auf das UPS-Auto mit unserem neuen Fernseher im Laderaum. „Das Paket wurde im Versandzentrum übersehen", las ich wieder und wieder im Internet. Wurde immer wütender und nahm mir fest vor, den Verantwortlichen gebührend zur Rede zu stellen. Als der UPS-Mann dann schließlich vor mir steht, vom Schnee spricht, seiner 80-Stunden-Woche und vom Weltfrieden im Allgemeinen, wird mein Herz weich wie Butter. Ich vergebe ihm alles (350).

Gestern hatte übrigens mein Vati Geburtstag. Ich habe ihm etwas geschenkt. Hört, hört! (351)

Die 352. gute Tat: Ich tue (fast) alles

In den letzten drei Tagen wurde mein Mann regelmäßig von Wildfremden zu guten Taten aufgefordert: Auto anschieben, beim Beladen des Autos nach dem Möbelkauf helfen, usw. Ich wurde jedes Mal ignoriert, obwohl eigentlich für alle sichtbar ein „Ich-tue-alles"-Schild auf meiner Stirn prangt. Aber wahrscheinlich prangt auch für alle sichtbar mein Bauch.

Als ich endlich heute auch mal wieder beachtet werde – von meiner Mutti, die eine Massage will –, sage ich natürlich nicht Nein. Liebe Freunde, ihr habt noch 15 Tage Zeit, mich für gute Taten jeder Art zu missbrauchen, nicht so zurückhaltend!

353 + 12 = 365

Vier Weihnachtskarten habe ich heute geschrieben. Könnte mir also vier gute Taten anrechnen. So knausrig muss ich aber nun auch nicht sein, schließlich sind es ja nur noch zwölf (12!) verbleibende Taten.

Natürlich muss ich mir nun auch ernsthaft die Frage stellen, ob ich die Klimaerwärmung noch abwenden und den Hunger in der Welt beseitigen werde. Wahrscheinlich nicht. Aber ich habe mich selbst verändert, bin aufmerksamer, zuvorkommender und großzügiger geworden. Vielleicht habe ich auch dem einen oder anderen Mitmenschen einen Augenblick Freude geschenkt. Und ich habe meinen persönlichen Rekord im Weihnachtskartenschreiben überboten – wenn das mal nichts ist!

Je näher das Ende des Selbstexperimentes rückte und je geringer die Wahrscheinlichkeit einer echten Heldentat wurde, umso intensiver sinnierte ich darüber, was das Jahr überhaupt für einen Sinn gehabt hatte. Bestand der Sinn darin, dass ich mich selbst weiterentwickelt hatte? Oder bestand er darin, dass ich andere motiviert hatte, auch Gutes zu tun? Reichte es einfach, dass ich jeden Tag genutzt hatte, um einem meiner Mitmenschen eine Freude zu machen? „Ja!", dachte ich und schlug mit der Hand auf den Tisch. Pfeif auf die Reporter, die immer meine beste gute Tat hören wollen und hechelnd darauf warten, dass ich irgendwas Blutrünstiges, Tränenreiches oder Peinliches erzählen würde.

Ich hatte keine einzige große Tat vorzuweisen. Zero. Niente. Aber was zählte, war doch, dass ich überhaupt losgegangen war. Viele Menschen warten auf die große Chance, auf die große Tat und glauben, dass ihr Leben erst dann einen Sinn gehabt hat, wenn sie eine Hilfsorganisation gegründet haben. Sie beten und ringen um ihre Berufung, die sie in einem Bergdorf in Bolivien oder in den Slums von Manila zu finden erwarten.

Natürlich gibt es solch Auserwählte. Aber für die anderen Menschen, für den überwiegenden Teil von ihnen, gibt es auch eine Sinnerfüllung: den Mitmenschen im Blick haben. Genauer hinhören, sich Zeit nehmen, helfen eine Last zu tragen. Alfred Delp hat einmal gesagt: „Wenn durch einen Menschen ein wenig mehr Liebe und Güte, ein wenig mehr Licht und Wahrheit in der Welt war, dann hat sein Leben einen Sinn gehabt." Super Zitat. Werde es in meinem nächsten Radiointerview verwenden und damit alle Reporterfantasien der blutverschmierten Heldin Theresa im Keim ersticken.

Die 354. gute Tat: Familientraditionen

Nachdem ich meine Schwester Elif vergangene Woche so achtlos übergangen hatte (siehe 341), beschloss ich heute, ihr Leibgericht und altbewährtes Geheimrezept meiner Oma zu kochen: Quarkkeulchen. Es stellte sich jedoch heraus, dass es einfach zu geheimnisvoll für mich war. Meine Oma hätte das selbst im Grab noch besser gemacht …

Die 355. gute Tat: Seniorengeschenk III

Habe die Augsburger Straße 26 gefunden!!! Übergebe das Weihnachtsgeschenk samt Weihnachtsgruß. Doch ich komme ungelegen. Herr Franke will gerade in die Badewanne. Dann geh ich halt wieder. Happy End.

Dieses Seniorengeschenk der Kirchgemeinde hatte mich in den letzten Tagen einige Zeit und Nerven gekostet. Ich glaubte schließlich, es sei der Teufel höchstpersönlich, der mir riesige Schneebälle in den Weg legte, um mich am Überbringen des Geschenkes zu hindern. Wahrscheinlich, so malte ich mir in meinen Tater-Träumen aus, würde dieser dubiose Herr Franke von der Augsburger Straße beim Ertönen der Türklingel gerade noch so das Küchenmesser sinken lassen, mit dem er sich gerade umzubringen gedachte.

Oder vielleicht hatte er gebetet: „Herr, wenn es dich gibt, dann schicke in den Adventstagen eine junge, hübsche Frau an meine

Tür. Und lass sie ein Geschenk dabeihaben. Schick mir ein Zeichen!" Konnte ja sein. Oder vielleicht würde er mir auch die Tür vor der Nase zuschlagen und laut rufen: „Ich kaufe nichts!" – Dann hätte ich wenigstens eine interessante Story zu erzählen.

Und was geschah schließlich? Nichts.

Ich traf nicht mal Herrn Franke an, sondern seine in einen Bademantel eingehüllte Frau. Sie bedankte sich zwar, aber merkte auch im nächsten Atemzug an, es wäre grad ganz schlecht, ihr Mann sitze in der Badewanne.

Nennt mich frustriert oder ausgebrannt, aber ein bisschen cooler hätte ich es schon gefunden, wenn wenigstens der Pfarrer im nächsten Gottesdienst meinen Namen geschickt in seine Predigt eingebunden hätte. Als leuchtendes Beispiel oder so. Na ja.

Die 365., äh, 356. gute Tat ... schade

Habe meiner Freundin Estephania ein Wichtelgeschenk in den Briefkasten geworfen. Ich hasse Wichteln. Man weiß eh immer, von wem es ist. Sie wird natürlich nicht draufkommen. Ich habe die Weihnachtsgrußkarte extra mit links geschrieben. Und schreib jetzt darüber im Internet. Wie sinnvoll.

Die gute Tat, die keine wurde

Nachdem wir die Weihnachtsgeschenke eingepackt hatten, blieb noch eine Pralinenschachtel übrig. Wir überlegten, ob wir sie nicht Stella und Martin zum heutigen, vorweihnachtlichen Restaurantbesuch mitbringen sollten. Überlegen weiter, dass sich die beiden bestimmt blöd vorkommen, wenn sie dann nichts haben. Außerdem schmeckt uns diese Sorte auch selbst ziemlich gut. Wir essen die Pralinen selber. Beim Italiener angekommen, schiebt uns Stella mit einem „fröhliche Weihnachten" eine Pralinenschachtel über den Tisch.

Die 358. gute Tat: Weihnachten

Jetzt denkt ihr bestimmt, ich schreibe, dass ich zu Weihnachten etwas … ta, ta! … verschenkt habe. Es fiel mir aber noch etwas Besseres ein. Jedes Jahr stürmen meine Schwestern und ich ohne Rücksicht auf Verluste (alte Menschen, Kinder …) direkt im Anschluss an die zweite Christvesper (bei uns gibt es drei) in die Kirche. So sichern wir uns gute Plätze und besetzen für die ganze Familie mehrere Reihen. Wir benutzen Seiteneingänge, springen unvorhergesehen von links oder rechts in die Warteschlange hinein, täuschen vor, jemandem die Tür aufhalten zu wollen oder ganz vorn einen entfernten Onkel erkannt zu haben. Dieses Jahr wollte ich dieses unchristliche Verhalten ablegen.

Halte meine Schwestern und mich zurück. Wir gehen gesittet, aber auch sichtlich nervös mit dem Menschenstrom zur dritten Christvesper. Zum Glück war meine Freundin Patrischa in der zweiten Vorstellung und hat uns Plätze besetzt. Gleich mehrere Reihen natürlich.

Kommentar Phil:

Aus persönlichen Gründen muss ich am 24. Dezember abends noch einmal die öffentlichen Verkehrsmittel benutzen. Und während ich mich lediglich von einer herzlichen Weihnachtsfeier zur nächsten bewege, denke ich an die armen Busfahrer, die Weihnachten nicht im Kreis von Familie oder Freunden verbringen können, sondern ganz allein ihren Bus fahren müssen. Deswegen schenkte ich den Busfahrern dieses Jahr an Heiligabend eine CD mit einem Reggae-Weihnachtsmix von mir. Die guckten ganz verdutzt, weil sie damit nicht gerechnet hatten. Aber ich denke, im Endeffekt haben sie sich über diese Aufmerksamkeit gefreut.

Die 359. Tat und das Weihnachtswunder

Heute hatte ich nun langsam das Gefühl, mein Gute-Taten-Experiment doch erfolgreich abschließen zu können. Es geht gar nicht darum, dass ich die Welt verändert haben muss. Viel wichtiger ist, dass der Gute-Taten-Gedanke viele Freunde, Nachbarn, Verwandte und Ehemänner angesteckt hat.

Wir haben einen Nachbarn, den wir „Hamburger“ nennen, weil er aus Hamburg zugezogen ist. Der Hamburger und mein Vati leisten sich Jahr für Jahr harte Schneeschipp-Wettkämpfe. Dabei geht es um möglichst zeitiges Beginnen, Genauigkeit und Schnelligkeit. Für meinen Vati standen die Chancen mehr als schlecht, als am Heiligabend der dichte Schneefall begann. Der Hamburger schob seine neue Schneefräse, während die Schippe meines Vatis unter der Schneelast zerbrach.

Doch da geschah das Weihnachtswunder: Der Hamburger kam über die Straße und fräste den Bürgersteig meines Vatis. Meine Mutti half einer alten Frau über die Straße, mein Mann schenkte mir gleich zwei Melody Gardot CDs, Blogleser Phil beschenkte Busfahrer an Weihnachten, Blogleserin Estephania den Postboten. So können wir es gemeinsam schaffen und die Welt ein bisschen verändern!

Zurzeit bestehen meine Tage lediglich aus Essen, Geschenke auspacken und Familientratschereien. Da freue ich mich sehr, dass ich vergessen habe, eine gute Tat zu erwähnen: Ich habe meiner Freundin Patrischa zwei Tage vor Weihnachten geholfen, die Memory-Sets für ihre Patenkinder fertig zu basteln: Wir haben geschnitten, laminiert und wieder geschnitten – et voilà: gute Tat Nummer 359.

Die 360. gute Tat: Lob für den Onkel

Für die verbleibenden sechs guten Taten denke ich noch mal gründlich nach: Wen habe ich bisher noch nicht mit guten Taten bedacht in meinem engeren Verwandten- und Bekanntenkreis? Mir fallen sämtliche Onkel und Tanten ein, meine Großeltern, Jakob von Kurfürst, die Bibliothekarin unseres neuen Wohnortes, meinen Mann (nach eigenen Angaben) und nicht zuletzt die Umwelt. Ja, ihr muss ich in den nächsten Tagen auch noch irgendetwas Gutes tun. Oder ich gebe auf, mh, mal überlegen …

Für heute trifft es sich gut, dass meine Tante Geburtstag hat (wir haben herrlich viele Geburtstage um Weihnachten in unserer Familie). Mein Onkel hatte mir prima Lüftungs-Tipps wegen der nassen Badezimmerwand unserer neuen Wohnung gegeben und mich mit diesem Problem ernstgenommen. Nicht wie mein Vati, der behauptete, er könne keine Feuchtigkeit sehen. Ich bedanke mich heute bei meinem Onkel dafür und sage, es sei nur IHM zu verdanken, dass wir uns nun eine teure Zimmerentlüftungsanlage sparen können. Denn seine Tricks haben gewirkt.

Die 361. gute Tat: Die Liste schrumpft

Hab ich nicht gestern auch meine Großeltern auf der Liste „Vernachlässigte Personen 201“ aufgeführt? Richtig. Heute ruft meine Oma an und bittet mich, die Zutaten für ihren traditionellen Silvester-Heringssalat für sie zu kaufen, da ihre Garage im Moment total eingeschneit ist.

Ja! Ja! Ja!

Oma und Opa: abgehakt.

Seid vorgewarnt: Morgen werde ich keinen Blog schreiben, weil die große Umwelt-Tat ansteht und ich aus stromspartechnischen Gründen den PC nicht anschalten darf.

Die 362. und 363. gute Tat: Umwelt und Kirschkuchen

Habe gestern einen Tag lang der Umwelt zuliebe Strom gespart. Ich habe: keinen Wasserkocher benutzt, keine Kaffeemaschine, keinen Fernseher, Computer oder Föhn, kein Licht, keinen Herd … Aus lebensnotwendigen Gründen habe ich beim Ölradiator (zurzeit unsere einzige Heizquelle im Schlafzimmer) eine Ausnahme gemacht. Und eine winzig kleine Ausnahme beim Licht, als ich meine Schlafsocken im Bett nicht finden konnte. Resümee: eine sehr schwierige gute Tat. Aufwand-Nutzen-Verhältnis prüfen. Bisher noch keinen Dank von der Umwelt erhalten.

Am Nachmittag habe ich Jakob, dem begabten Kurfürst-Bassisten, ein Stück selbst gebackenen Kirschkuchen zur Bandprobe mitgebracht. Resümee: eine sehr einfache gute Tat. Aufwand-Nutzen-Verhältnis ausgewogen. Bisher noch keinen Dank von Jakob erhalten. Aber da nehmen sich die Kurfürsten ja alle nicht viel.

Gute Tat Nummer 364: Silvesterausblick

Endlich hatte ich durch meine Schwangerschaft die perfekte Ausrede, Silvester einmal ganz nach meinem Geschmack zu feiern: ruhig. Oder zumindest ohne von Besoffenen mit Knallern beschossen zu werden. Doch es kam, wie es kommen musste.

Emmi wünschte sich nichts sehnlicher, nichts (!), als das Feuerwerk betrunken vom höchsten Kirchturm der Stadt zu sehen. Also fuhr ich unsere Partyzentrale dahin, kletterte die wenig vertrauenswürdig erscheinenden Holz- und Wendeltreppen auf den außerhalb meines Höhentoleranzbereiches liegenden Turm. Schwitzend sah ich dort dem vor unseren Augen explodierenden Feuerwerk zu. Es wurden schließlich wahre Schweißsturzbäche, als ich die Partypeople um 0.30 Uhr wieder zurückfuhr. Ich manövrierte uns durch ein Meer von knallerwütigen Besoffenen, die nur darauf warteten, einen blöden Autofahrer mit ihren handgranatenähnlichen Böllern beschießen zu können.

Was für ein ruhiges Silvester, ganz nach meinem Geschmack.

Kommentar Trixi:

Leider muss ich dir eine traurige Mitteilung machen: Heute ist der 364. Tag der guten Taten und bisher hast du mich vergessen, obwohl ich soooo treu alles verfolgt habe. Hatte insgeheim gehofft: „Irgendwann wird es mich auch mal treffen, irgendwann wird auch mich eine gute Tat erreichen!“ Aber leider wurde wohl nichts daraus ... ☹

365 gute Taten: Ein persönliches Experiment

Mit der heutigen guten Tat – ich schicke der treuen Blogleserin Trixi eine Ermutigungs-Postkarte – endet mein Experiment. Erfolgreich.

Abschließend möchte ich noch ein paar Fragen beantworten, die ich häufig gestellt bekomme. Entschuldigt, dass ich nicht jeden Fanbrief persönlich beantworten kann.

- Ja, ich würde es wieder tun.
- Ja, ich habe wirklich alles gemacht, was ich geschrieben habe.
- Nicht zu empfehlen: Bodylotions verschenken, für einen Fremden den Kinoeintritt bezahlen, zu allem Ja sagen, die Umwelt im Alleingang retten, Seniorengeschenke verteilen.
- Ja, es war schwierig durchzuhalten, vor allem in dem vom Leben höchstpersönlich eingebauten retardierenden „Moment“ (ha, ha) der Übelkeit.
- Ja, es hat sich gelohnt. Denn der Blick von sich selbst hin zu anderen bereichert das eigene Leben, erweitert den Horizont, schafft und festigt Beziehungen. Über sich hinauszuwachsen ist ein tolles Gefühl.
- Nein, ich bin nicht mehr zu haben.
- Meine beste gute Tat? Meine nächste!

Ich wünsche euch allen ein erfolgreiches neues Jahr (im Sinne der guten Taten), Mut und Ausdauer. Möge der

Gute-Taten-Gedanke und der RE-gute-Taten-Gedanke die Welt erobern und sie ein Stück besser machen.

Ach ja, eins noch: Oft werd ich gefragt, ob meine guten Taten nicht nur ein Tropfen auf den heißen Stein gewesen seien. Dann bediene ich mich gern Peter Maffays Worten, die auf eine ähnliche Frage lauteten: „Ja. Aber was ist denn die Alternative? Nichts tun?“

Und wie geht's weiter?

„Fange nie an aufzuhören, höre nie auf anzufangen.“
Marcus Tullius Cicero

Ich startete in das neue Jahr mit einem unbeschreiblich zufriedenen Gefühl und war so glücklich wie nie zuvor! Dieser Glücksrausch nach guten Taten ist übrigens kein Theresa-spezifisches Phänomen. An der medizinischen Fakultät der kanadischen York Universität haben Forscher über Monate hinweg 719 Versuchspersonen beobachtet, die jeden Tag eine gute Tat vollbrachten.

Die Teilnehmer der Versuchsgruppe waren im Gegensatz zur Vergleichsgruppe glücklicher und legten ein gesteigertes Selbstbewusstsein an den Tag. „Je mehr Gutes die Teilnehmer taten, umso besser fühlten sie sich“, sagt die Professorin der Fakultät Myriam Morgan. Auch ich hatte durch mein Gute-Taten-Experiment mit mir selbst wohl eine Depression-nein-Danke-Therapie durchgeführt. Super!

Voller Freude beobachtete ich, wie der Gute-Taten-Gedanke Kreise zog. Einige Medien berichteten über mich. Elif nahm sich für das neue Jahr vor, 365 Tage lang über niemanden schlecht zu reden. Der Hamburger fräste in den nächsten Tagen die Bürgersteige der gesamten Nachbarschaft. Ich bekam E-Mails von Lesern, die sich auch vornehmen wollten, ein Jahr lang jeden Tag eine gute Tat zu tun. Das fand ich einfach genial! Leider beendeten alle drei Nachfolger ihr Experiment vorzeitig, eine schon nach 18 guten Taten – es wäre wirklich zu anstrengend gewesen.

Und ich? Würde ich weiterhin Gutes tun? Anfangs war ich zufrieden, auch ohne jeden Tag eine gute Tat zu tun. Endlich „musste" ich nicht mehr gut sein. Mit ruhigem Gewissen ließ ich die früher so heiß herbeigesehnten Gelegenheiten für gute Taten an mir vorüberziehen. Ich konnte wieder „Nein, mach ich nicht!" sagen und tat das auch. Endlich frei!

Doch irgendwann machte es Klick. Ich war durch die 365 Tage eine andere geworden. Und wenn ich ehrlich war, mochte ich die großzügigere, freundlichere und offenere Version meiner selbst lieber. In alte Muster zurückfallen und einfach nichts tun? Das war keine Alternative mehr für mich. So nahm ich mir vor, Gelegenheiten für gute Taten nicht mehr länger mit Füßen zu treten, sondern sie mutig am Schopfe zu packen.

Am nächsten Tag war ich Gast in einer Fernsehshow, um über meine Erfahrungen in meinem Jahr der guten Taten zu sprechen. Verständlicherweise war ich mega aufgeregt, hibbelig und einigermaßen zerstreut, als ich im Hotelrestaurant frühstückte. Da fiel mein Blick auf den Nachbartisch. Dort saß ein Mann, der mir bekannt vorkam. Erst wusste ich nicht, woher ich ihn kannte. Doch dann fiel es mir ein. Ich kannte ihn von einem kleinen Bild, welches über seinen Kolumnen in einer Zeitschrift abgedruckt wird. Ich mochte seinen Stil und ganz besonders seinen Humor.

Aber war er es wirklich? An meine alten Taten denkend – à la Ich-tue-alles-was-den-anderen-erfreuen-würde –, erhob ich mich schließlich. Nun noch aufgeregter als schon zuvor. Ich steuerte auf ihn zu und sagte, ohne Luft zu holen: „Sind sie nicht der Schreiber dieser Kolumne? Ich mag Ihren Stil und muss häufig über Ihre Erzählungen lachen!“ Der Mann schaute von seinem Rührei auf, lächelte mich an und sagte: „Danke! Ach, die Zeitschrift wird auch hier gelesen?“

Ich dachte: „Wie *auch hier*, du Trottel? Wir befinden uns in Ostdeutschland, na und? Hier werden auch Zeitungen gelesen!“ Aber laut sagte ich nur: „Ja, genau, also vielen Dank für Ihre Kolumne!“ Zufrieden ging ich an meinen Tisch zurück und war besonders froh, dass ich im anstehenden Fernsehinterview auf die Frage „Haben Sie heute schon etwas Gutes getan?“ eine Antwort wissen würde. Und befriedigt deshalb, weil sich scheinbar auch noch andere Schreiber im Schriftlichen besser ausdrücken konnten als im Mündlichen.

So begann ich, wieder „gut“ zu sein. Nicht mehr jeden Tag, aber einfach öfter.

Für unseren Sohn plante ich auch schon eine gute Tat: Just im Moment seines ersten Schreis würde er sein Nabelschnurblut spenden. Getreu dem Motto: Der Apfel fällt nicht weit vom Stamm. Emilio erblickte am 30.3.2011 das Licht der Welt und war ein überaus hübsches und kräftiges kleines Kerlchen. Das mit dem Nabelschnurblut wurde nichts, die enthaltene Blutmenge war zu gering. Ich nahm ihn trotzdem liebevoll an meine Brust. Klar, er musste noch viel lernen. Aber wozu hatte er mich.

Mein Mann gründete seine eigene Firma und hatte von Anfang an genügend Kunden, um unsere Familie finanziell absichern zu können. Emilio entwickelte sich ganz prächtig und man merkte ihm bald nicht mehr an, dass er so viel Vomex und eine Unmenge an Tiefkühlpizzen abbekommen hatte. Und ich? Ich wurde am Ende sogar noch eine richtige Autorin!

Wie sich mein Leben durch die 365 guten Taten veränderte:

- Ich bin ärmer, aber vor allem reicher geworden.
- Mein Mut ist tatsächlich gewachsen: von Mückengröße auf Honigbienenformat.
- Ich habe mehr Freunde gewonnen.
- Nichts tun ist keine Alternative mehr für mich.
- In Radiointerviews fällt mir jetzt mehr ein als „Geld gespendet".
- Durch einen Artikel in der Welt am Sonntag erfuhren über eine Million Leser von meinen guten Taten.
- An Heiligabend sahen acht Millionen Zuschauer in den polnischen Nachrichten einen Beitrag über mein Experiment.
- Ein Verlag bot mir an, meinen Blog als Buch zu veröffentlichen.
- Mein Mann ist seitdem in Männergruppen als gefragter Redner unterwegs zum Thema: „Seit dem Buch meiner Frau hängt mein guter Ruf am seidenen Faden."
- Meine Kinder werden von mir lernen: „Deine Zeit ist schlecht? Wohlan. Du bist da, sie besser zu machen." (Thomas Carlyle)

Zu guter Letzt möchte ich noch einmal die geschätzte Band „Kurfürst" zitieren: „Wie sich alles verändern kann, fängt man erst zu leben an."

Dank

Mein Dank gilt allen, die mich zu diesem Buch ermutigt haben: Frau Hollstein, Frau Epking, Dirk, Katrin, Sven, Katharina, Beate, Olaf, Silke und Ines. Ohne euch hätte ich es nicht gewagt!

Vielen Dank an Monika, Katrin, Manuela, Tabea, Debbi und Christoph für eure Babysitterdienste während des Schreibprozesses! Ihr habt mir wunderbare Zeitinseln geschaffen.

Ich danke meiner Lektorin Ines für die kreative Zusammenarbeit, ihr Verständnis und die vielen ermutigenden Zusprüche.

Und nun, lieber Tommy, danke ich natürlich auch dir. Danke für deine Ideen, deine Witze und die Gründung des Fanklubs. ☺

Christoph und Katrin: Ihr habt mein Manuskript gelesen, mir wertvolles Feedback gegeben und alle meine Schreiberlaunen tapfer ausgehalten – danke!

1000 Küsse gehen auch an Debbi, Tommy, Dirk, Nathie, Steph, Steffi, Anne und Marina. Danke, dass ihr immer ein offenes Ohr für meine kleinen und größeren Krisen hattet!

Ich danke allen, die meinen Blog gelesen und kräftig kommentiert haben. Ihr habt mich dadurch zum Weitermachen ermutigt.

Danke, Nancy, Susi, Michael, Chris und Dirk, für eure Unterstützung bei den Fernsehdrehs.

Vor allem danke ich Gott, dass er mir die Kraft zum Durchhalten geschenkt hat, für seinen reichen Segen und dass er mich von der Übelkeit befreit hat. Besser spät als nie. Danke für Emilio.

MIX
Papier aus verantwortungsvollen Quellen
FSC® C014496

Verlagsgruppe Random House FSC® N001967
Das für dieses Buch verwendete FSC®-zertifizierte Papier
EOS liefert Salzer, St. Pölten.

1. Auflage 2013
Bestell-Nr. 816906
ISBN 978-3-86591-906-9

Umschlaggestaltung: Björn Steffens
Illustrationen: Detlef Mueller
Lektorat: Ines Maynard
Satz: DTP Verlagsservice Apel, Wietze
Druck und Verarbeitung: GGP Media GmbH, Pößneck
Printed in Germany